大单销售

超级用户成交手记

耿宁 | 编著 |

化学工业出版社

·北京·

内 容 简 介

一般情况下，企业80%的利润是由20%的客户创造的，与这20%的客户的交易，就是我们所说的大单。维护好大单客户，将大客户培养为企业的长期资源，可以为企业争取更稳定的利润。《大单销售：超级用户成交手记》从售前准备、开发客户、建立信任、调动需求、介绍产品、推进项目、解除反对、成交、转介绍、售后服务这些方面对大单成交进行了具体分析，并提供了实操性很强的解决方案。本书引用了大量实际案例，以降低读者理解难度，希望能帮助读者快速掌握实用的销售成交方法。

图书在版编目（CIP）数据

大单销售：超级用户成交手记 / 耿宁编著. —北京：化学工业出版社，2022.9

ISBN 978-7-122-41488-5

Ⅰ. ①大… Ⅱ. ①耿… Ⅲ. ①销售－方法 Ⅳ. ①F713.3

中国版本图书馆 CIP 数据核字（2022）第 084622 号

责任编辑：刘　丹　　　　装帧设计：水长流文化
责任校对：宋　夏

出版发行：化学工业出版社（北京市东城区青年湖南街 13 号　邮政编码 100011）
印　　装：大厂聚鑫印刷有限责任公司
710mm×1000mm　1/16　印张 13¼　字数 139 千字　2022 年 10 月北京第 1 版第 1 次印刷

购书咨询：010-64518888　　　　售后服务：010-64518899
网　　址：http://www.cip.com.cn
凡购买本书，如有缺损质量问题，本社销售中心负责调换。

定　　价：59.00 元

版权所有　违者必究

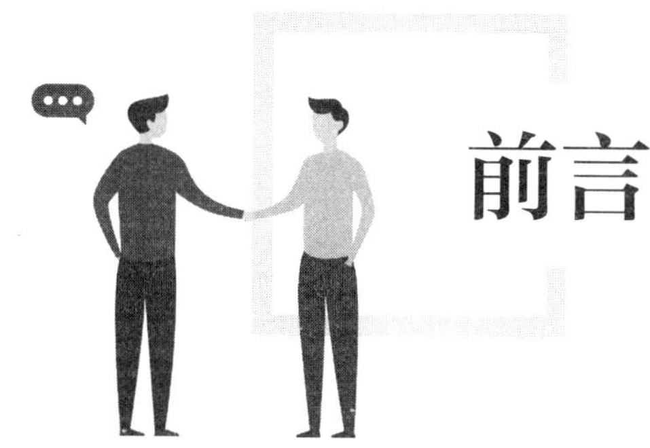

前言

一般情况下，企业的多数利润都是由少量客户创造的，这些少量客户就是大客户。大订单也就是大单，具有成交额大、成交周期长、风险高、利润高等特点，是企业利润的主要来源。

小订单成交简单，但是每笔订单都需要耗费销售人员的精力，单笔订单的成交成本比较高，而大订单虽然成交难度大，成交周期长，但销售人员只需要服务一个客户，折算下来的单笔订单成本较低。由此可见，大订单无论是对提升企业利润，还是对提升销售人员的个人业绩，都有着重要意义。因此，销售人员应当格外重视大订单客户。

由于大订单能带来高额利润，企业往往对大订单客户给予更高的重视，并提供更详尽的服务。大订单不能是一次性资源，应是企业的长期资源，销售人员应注意维护与大订单客户的合作，以争取到更多的客户资源。

本书对大订单成交的流程及售后进行了分解介绍，例如用建立社群的方法沉淀私域流量、延伸服务，争取转介绍与二次成交，以创造更高的经济收益。本书从大订单客户的消费习惯透视、销售人员的情感投射以及销售过程中双方的心理较量等多方面入手进行充分阐述，以帮助读者快速成为一名优秀的销售人员。

怎样开拓客户、怎样和客户沟通、怎样吸引到更多大订单，笔者希望通过自己的亲身经历，能通俗易懂地解答这些急需解决的问题。书中从大订单对企业的意义一直延伸到销售的具体方法，涵盖了大订单成交的各个方面。

销售过程是一场心理博弈战，只有充分了解客户内心的想法，并满足客户的需求，才能成功卖出产品。顶尖的销售人员绝不仅仅满足于语言和做法模板的照搬，而是活学活用，在不断的经验累积中，摸索出一套适合自身特点且能应对不同客户类型的销售模式。

书中涉及的很多案例都是笔者的亲身实践经历，所传授的销售技巧都是笔者多年的工作经验总结，具有较高的实用性。

本书不仅适用于刚踏入销售行业的销售人员，还适用于资深销售人员突破瓶颈。希望能用翔实的案例、新颖的内容帮助大家从激烈的行业竞争中脱颖而出。

编著者

目录

第1章 为什么要做大订单

第2章 售前准备：充分的准备让成交更轻松

第3章 开发客户：勤拓市场，挖掘潜在大客户

第4章 与客户建立良好的关系

第5章 调动需求：客户需要一个下单的理由

第6章 介绍产品：如何在有限时间内说服客户

第7章 推进项目：如何让客户不再拖延

第8章 解除反对：如何逆转客户的拒绝

第9章 成交：如何避免临门一脚时跑单

第10章 转介绍：老客户裂变，精准获得新客户

第11章 售后服务：如何让客户持续满意

第1章

为什么要做大订单

大单销售是许多销售人员的梦想，也是许多企业发展中重要的战略组成部分，因此，如何更有技巧地推销产品以及赢得大客户的信任是值得销售人员深入研究的课题。

1.1 大订单的重要性

卡尔·马克思在《资本论》中提到，资本的天性是逐利。从企业的角度来看，80%的利润来自只占客户总数20%的大订单客户，可见大订单客户对企业的重要性，许多企业组建专业团队专门为大订单客户服务。大订单因体量大、利润高，所带来的经济效益与社会效益都非常可观，长远来看，大订单可以为公司塑造良好的业内口碑。

1.1.1 大订单与小订单有何不同

通常意义上，我们把利润高、金额高、数量大的订单称为大订单。对于很多公司来说，如果能够拿下大订单，不仅可以保证销售人员及公司自身的生存，还可以促进公司的长远发展。但是大订单毕竟是少数。大订单与小订单的差异体现在以下几个方面。

1. 金额不同

订单金额相差巨大是大订单与小订单的根本区别，可能十个小订单的总额才等同于一个大订单。同时，由于大订单可为企业带来高额利润，竞争非常激烈，竞争者越多，销售人员想要拿下大订单的难度也就越大。

2. 决策周期不同

小订单因为涉及产品数量少，成交过程也十分简单，所以决策时间通常较短。而大订单会影响客户接下来较长一段时间的项目规划，导致其在做决策时会比较谨慎，且决策周期长。若产品选择不当，会影响客户今后的正常生产，带来经济上的损失。因此，客户往往会审慎选择产品，这使得大订单的决策周期要明显长于小订单。

3. 决策人员不同

很多快销类的产品往往利润比较低，销售人员可以自行决策。而对于总价高、利润高、数量大的大订单来说，需要在交易双方讨论、谈判的基础上，经过公司管理层逐级审批后方能给出最终决策。

4. 公开性不同

小订单产品大多运用广泛、技术含量低，多用于满足人们的日常生活需求，因此，小订单的决策结果往往十分透明。而大订单项目可能涉及企业的很多机密，决策结果不轻易对外公布。

1.1.2 成本管理：用有限的时间获取高额利润

站在客户角度来看，无论哪个行业都有领军企业，这些企业只占行业内企业总数的一小部分，但能占据该行业的大部分市场，这些企业就是被他人争夺的大客户。

大订单成交很难，却极具性价比，在有限的时间内拿下大订单，往往比我们只做小订单收益更高、业内影响更深远。想要做好大订单，销售人员需要提前了解宏观市场环境，收集行业资料、竞争对手信息、客户信息、客户的决策和需求等内容，做到知己知彼、百战不殆。销售人员对市场有较为全面的了解与把控，是其可以高效拿下大订单的重要前提。

1. 了解宏观市场环境

了解宏观市场环境，即从宏观层面综合评估影响市场发展的经济、社会、文化、科技等因素。这些因素会随着行业整体市场、国家政策、社会的变化而变化，具有不可控性。但是企业可以充分发挥主观能动性，运用可控、合理的营销手段，如促销、调整定价、改变产品销售渠道等，将宏观环境对企业营销的影响降到最低，以适应宏观环境的变化。

2. 注重收集行业资料

企业的命运与决策息息相关，而决策的前提是要掌握足够的业内信息。对于公司及销售人员来说，注重收集行业的相关资料，不仅可以为未来要实施的战略规划打下坚实的基础，还可以使销售人员深入了解行业环境、提高业务能力。其中涉及的行业资料包括与销售相关的政策法规，所在行业的整体规模及发展速度，行业面临的挑战、机遇以及主要趋势或方向等。

3. 积极了解竞争对手

在激烈的市场竞争下，对于很多想促成大订单成交的销售人员来说，需要多关注自己的对手，特别是在市场上拥有同类产品的竞争对手，以防止因竞争对手突如其来的攻击影响本公司的销售业绩。竞争对手的资料包括产品情况、客户对其产品的满意度、产品的优势和劣势、行业内有无特殊关系、行业中的地位等。

4. 了解客户的决策和需求

了解客户的决策与需求是销售人员促成大订单成交的重要因素之一。销售人员需要了解客户的发展历史、现状以及未来发展趋势，此外，还需了解客户的规模、员工数量、订单需求、消费模式、消费周期、内部组织机构等重要信息。在做好资料收集之后，再根据销售人员所在公司自身的需求变化进行适当的动态管理和研判，在此基础上满足客户的真正需求。销售人员也可根据客户的实际情况，提供切实可行的解决方案。

1.1.3 二八定律：20%的客户创造了企业80%的利润

二八定律又叫帕累托定律，这个定律应用在经济学中，指的是20%的客户比剩余80%的客户更加重要，能够为公司创造80%的利润，而这20%的客户也就是人们常说的大客户。因此，公司需要更加关注这20%的少数客户，针对他们进行产品和服务的优化，以便获得更大的回报。

把握好二八定律可以使销售业绩再上一层楼，下面就为大家介绍在大订单销售中，如何正确运用二八定律。

1. 找到重点客户

在销售过程中，客户使用产品的数量或频率是一个非常重要的参考指标。销售人员可以根据这一指标将客户分为三种，即大量使用产品者、中等量使用产品者和少量使用产品者。其中，大量使用产品者虽然在所有客户群体中占比较小，但是他们成交数量多、成交频次高、成交金额大，对销售额的贡献非常大，他们就是重点客户。因此，找到重点客户对于成交大单非常有帮助。

对此，销售人员可以对客户实行“因人制宜”的销售策略，依据客户购买产品的数量和频率来制定不同级别的奖励制度，以此来吸引大量产品使用者的购买，如使用“多买多赠”的促销方式。

2. 把握优质客户

对于一些使用频率不高的产品，把握客户的质量非常重要。如房屋、汽车、大型机械设备等产品的销售中，客户成交的频率虽然不高，但产品的单价非常高，每成交一单都能获得非常丰厚的利润。其中，有些客户的成交意愿强、成交能力高，这些客户便是优质客户。优质客户很可能成为长期客户，还会帮助公司塑造和宣传形象、提高知名度，优质客户的价值是难以估量的。

3. 重视维护老客户

有的销售人员会把销售重点放在争夺新客户上，却忽略了维护老客户。确实，挖掘新客户对增加销售利润有着重要的作用，但是相比于新客户，老客户的价值更高。老客户忠诚度高、转化时间短，很可能会大量、高频率、重复购买产品，可以为产品销量带来直接的提升。另外，因为老客户对销售人员所提供的产品和服务比较熟悉，所以销售人员向老客户推销产品的成本比较低。有关调查表明，销售人员开发一名新客户的成本是留住一位老客户的六倍，老客户的重要性不言而喻。

除此之外，老客户还会为销售人员推荐新客户，他们推荐的新客户非常精准，购买意愿和信任度都非常高，这比销售人员自己开发的新客户质量要高很多。因此，销售人员应该把与客户建立长期关系作为自己销售工作的重点之一，在维护老客户方面多花费一些时间，让他们可以创造更多价值。

1.2 信任是成交大订单的基础

信任感是销售人员建立、维持公司与客户关系的重要因素。无论何时，客户都更倾向于和自己信任的公司合作。双方在刚开始建立合作关系时，信任感是最难建立的，而信任感的建立来自客户对销售人员所售产品及其所在公司综合的、全方位的衡量。

从建立信任关系层面来说，先是销售人员和客户建立高度信任关系，再是客户和公司建立高度信任关系。一旦公司和客户建立了高度信任关系，那么双方可能会进行感性交易，这不仅可以帮助公司提升自身价值，还可以增加客户黏性，为未来持续不断地达成大订单保驾护航。

信任感是可持续的，能与客户建立高度信任感的销售人员或许还有机会获得别的销售人员接触不到的优质客户，而这些优质客户可能会成为企业未来发展的王牌。

1.2.1 出示行业资质，体现专业性

对于大订单客户来说，销售人员所在公司的正规性、合法性尤其重要。在刚开始建立关系时，销售人员可以积极出示公司的相关证件材料，如营业执照、税务登记证等，带领客户实地考察公司的经营场所与团队成员。销售人员所在公司若存在法律纠纷、行政处罚等负面信息，应积极与法务人员沟通，尽量解决、澄清这些负面信息，增强客户对公司的信任感。可信任的品牌是透明的，其正规性、合法性是和客户建立、增强信任感的前提。

销售人员自身的专业性主要体现在两方面：一方面是牢固掌握行业相关的专业知识，另一方面是在沟通过程中能展现所售产品的优势，产品能够满足客户的哪些需求。例如，销售人员可以展示产品获得的奖项、专利，以突出公司及产品在行业中的优势地位。

1.2.2 突出品牌文化，体现规模

品牌文化，一般是指品牌在市场经营中逐渐形成的文化积淀，它代表着品牌的价值观，也指通过赋予品牌深刻而丰富的文化内涵来突

出产品鲜明的品牌定位。销售人员及公司应当充分利用各种强而有效的内外部传播途径，让客户在精神上对本公司的品牌形成高度认同，创造品牌信仰，最终形成客户对公司强烈的品牌忠诚。

在书画销售市场，经常有某一主题的专题拍卖会，但参与拍卖的书画的成交价却大相径庭。例如董邦达的两幅作品，尺幅大小差不多、艺术水平相当，但第一件记载于《石渠宝笈》，另一件则是一般的藏品，最终前一件以上百万元成交，后一件仅以十几万元成交，这就是“品牌效应”。

很多大客户都非常注重合作公司的品牌文化，品牌文化代表了公司的利益认知与情感归属，甚至很多大客户认同的产品就是那些与自身经营理念相同、步调一致的产品。与企业文化的内部凝聚作用不同的是，品牌文化更加突出企业外在的宣传与整合优势。因此，销售人员在拜访客户时，可以利用品牌文化的优势来体现产品的独特性与行业影响力。

1.3 大订单需要更高级的销售技巧

这是一个销售为王的时代，时代赋予销售的新含义已远超大众对销售的刻板观念。如果说销售人员能促成客户的一次成交是他们当下的生存之道，那么让大订单客户坚定不移地选择自己的产品和公司则是销售人员的长远发展之钥。销售的内容包括有形的产品及无形的服务，销售人员的服务需要满足客户对产品的物质需求或客户棘手问题被解决的精神需求，而要想满足客户的这些需求，除了依靠产品自身的优势以外，还需要销售人员高级的销售技巧。

1.3.1 更专业：证明有解决问题的能力

1. 凸显产品自身优势

泰戈尔曾言："最好的东西都不是独来的，它伴了所有的东西同来。"一个产品有优势与劣势，销售人员需要合理规避产品的劣势，强调产品的优势。

此外，销售人员还可以通过突出公司的优势，侧面体现产品的优势及保障。如果公司历史悠久，可以强调公司的信誉保证；如果公司成立时间较短，可以突出产品生产技术优越或与时下需求接轨；如果公司规模较大，可以强调公司在行业内的优势地位；如果公司规模较小，可以突出公司拥有其他大公司不可比拟的优势，如产品价格可商议、售后服务更优质等。总之，销售人员应学会扬长避短，深度挖掘自身产品优势，以吸引更多客户。

2. 凸显公司在产品领域的专业性以及销售人员的专业性

在实际销售过程中，客户在一开始很难对产品产生购买冲动，除非产品有切实吸引他们的亮点。销售人员在与客户接触的过程中，可以分以下三步，逐渐打动客户、占据客户心智，使客户产生实际的下订单行为。

第一步，以产品为中心，突出公司在产品研发过程中使用了哪些技术、取得了什么成果、具有什么样的研发团队，从而突出公司在这一产品领域的专业性；第二步，销售人员要体现出自身对产品的高度熟悉，向客户细致、深入地介绍产品的性能、价值等；第三步，在客户对公司及产品有了深刻的了解之后，销售人员可以适时向客户讲解产品的售后流程，体现出售后服务的专业性，以解除客户的后顾之忧。

1.3.2 更高效：暗示提问，抓住客户痛点

什么是客户的痛点？

大多数公司的思维是基于客户的痛点，思考自身的解决方案是否正确、自身的产品如何比别人更好地提高效能。而对于销售人员来说，他们需要思考寻找痛点的方向是否正确、对痛点的分析是否正确、如何向客户展示产品与其痛点的契合性等。

1. 主动挖掘客户需求背后的动机

作为一名大订单销售人员，如果想实现订单成交，就必须找到客户的痛点，深挖客户的需求，而有效果的交流是销售人员了解客户需求的明智之选。在知道客户的需求后，销售人员对于客户的需求可以采用“放大客户现有的痛点”与“激发客户的利益需求”两种方法。一项心理学研究表明，痛苦的驱动力会比快乐的驱动力更大，因为痛苦才会让人们想要迫切地改善现状。因此，销售人员需要主动抓住客户痛点，让自己与客户产生共情，激发出客户的需求欲望，实现订单成交。

2. 仔细分析大订单客户背后的痛点。

资深的销售人员都明白一个道理，解决客户问题是推动成交的重要因素。客户有了问题才会产生痛苦，痛苦足够大才会产生需求，有了需求才会产生购买行为，有了购买行为才会产生订单。因此，销售人员需要深入分析大订单客户背后的痛点。分析客户痛点的方式有很多，如传统的调查问卷、收集网络讨论话题等，但是最重要、最有效的方式是销售人员自己深入观察，与客户深度交流，收集并整理第一手的真实数据。除此之外，随着微博、微信等社交产品的火爆，这些平台每天都会产生大量数据，销售人员可以利用这些数据对客户的需求进行分析和研判。

1.3.3 更贴心：少说空话，用实际行动浸润客户心灵

《荀子・大略》中曾言："口能言之，身能行之，国宝也。"语言是行动的影子，行动是语言的土壤。销售人员说出的话应立足于自身的实际行动，而非不切实际的胡编乱造。

1. 变被动为主动，重视每一位客户

无论订单大小，销售人员对待客户都应做到一视同仁。客户没有大小之分，很多不起眼的客户也许手中拥有百万订单的渠道。重视每一位客户，不轻视每一个小订单的成交，才是销售人员的长久发展之道。销售人员需要注意的是，联系客户要变被动为主动，不要等有需要了才去联系客户，争取把客户变成生意场上的朋友。

纪伯伦曾言：“友谊永远是一个甜柔的责任，从来不是一种机会。”也许销售人员对客户一个微不足道的关心或偶尔为之的一个举手之劳，就成为其日后拿下大订单的砝码。

2. 换位思考，建立客户信任

与客户建立信任不是一朝一夕就能实现的，需要日积月累、循序渐进。很多销售人员在进行产品销售的时候，只站在自己的角度考虑问题，只突出强调产品的优势，而忽略了客户的想法与需求。优秀的销售人员应学会将心比心、换位思考，站在客户的立场上思考问题，从而实现与客户在情感上的沟通，为增进理解、建立信任奠定基础。

3. 保持良好的心态

乐观是一种积极向上的人生态度，乐观的人即使遇到挫折和逆境，也相信事情会朝着有利的方向发展。乐观是销售人员的必备素质，乐观的销售人员的抗压能力较强，即使面对不利的销售局面，也有勇气突破障碍，实现销售目标。

而乐观的销售方式更容易接近和打动大客户，因为销售本身就是一种信心的传递和信念的转移。乐观具有强大的感染力和影响力，销售人员可以用积极的情绪向客户进行移情，拉近与客户的关系，让客户敞开心扉，使得客户在享受优质产品的同时，还能获得良好的消费体验，这有利于开展长期的合作。

第2章

售前准备：充分的准备让成交更轻松

在登门拜访大订单客户前，销售人员应当做好详细的信息资料收集工作，以确保在与客户的交流中不会出现答不上、说错话等低级错误。只有双方信息对等，销售人员才能更加精准地细分客户，了解客户的需求与个性，从而提供有针对性的服务。下文将介绍销售人员在实际交流中，如何做才能快速有效地接触、获得并经营好重要的大客户。

2.1 布局：战略思考和规划

销售人员获取信息的渠道有很多，如网站、行业杂志、客户的宣传资料或企业内部资料（如年报）等。借助一些与客户相关的信息，销售人员可以更好地了解客户，挖掘其需求，进而更顺利地开展下一步销售工作。

2.1.1 针对客户确定销售目标和计划

售前准备第一步就是针对客户确定销售目标和计划。销售的过程就是满足客户需求的过程，销售的目标和计划都要围绕客户来制订，特别是对于一些金额、数量较大的订单，客户基本不可能冲动购买，相反会在购买前了解很多信息，在购买时更理智地与销售人员谈判。因此，销售人员在销售时一定要挖掘客户需求及其需求产生的内在原因，尽力提高产品与客户真正需求的契合度，促使交易达成。

小刘从事定制西装的销售工作多年。某天，他得知一家公司需要定制员工工作西装。小刘没有盲目上门拜访客户，而是先对这家公司的人员情况做了调查。调查得知，这家公司共有100名员工，男女比例为6：4，平均年龄为30岁。员工主要从事大型机械设备销售工作，工作西装的使用场合是接待客户、商务谈判。

根据工作西装轻便、耐磨的需求，小刘把销售目标定在了好清洗的中档面料；根据公司员工的年龄，小刘决定推荐一些偏年轻的款式；根据西装的用途、场景需求，小刘推荐更适合商务场景的黑色和蓝色。确定好销售目标和计划后，小刘才上门拜访客户。客户听完他的推荐连连点头，直言小刘的推荐非常符合自己的要求，在商定了一些交付细节后就和小刘达成了交易。

2.1.2 制订客户拜访计划

合理制订客户拜访计划，这项工作一般包含五个方面：制订阶段性目标、客户筛选、制订可衡量标准、访后总结、计划调整。

阶段性目标包括计划拜访的效率，拜访要达到什么目标、取得什么进展。销售很难一蹴而就，对于销售人员来说，制订阶段性目标有利于掌控销售节奏，有计划地拉进与客户的关系，循序渐进地促成产品销售。

人有百态，物有千姿。销售人员在登门拜访前，可以将客户分为优质、潜在、普通、待跟进4个等级，并优先针对优质客户开展工作。同时，要尽力将潜在客户、普通客户、待跟进客户转化为优质客户。

销售人员需要对拜访制定可衡量的标准，例如拜访是否实现阶段性目标、是否达成交易、是否拉进了和客户的关系、拜访的效率是否符合预期目标等。

在拜访结束后，销售人员可以通过制定表格等方式统计销售成果，量化每一次拜访，并进行访后总结。通过量化的表格数据和访后总结，销售人员能够更合理地调整后续拜访计划、销售计划，提高销售工作的效率。

2.1.3 找到关键决策者

销售行业流传这样一句名言：容易拜访到的人往往有时间没钱，而难拜访的人往往有钱没时间。在产品销售过程中，销售人员需要找到关键决策者，从而更有效、更有针对性地销售产品。在这里笔者提供以下几种方法帮助销售人员更快找到关键决策者，以促成交易。

1. 公司组织架构图

在各种软件中查询目标客户的公司组织架构图，寻找能对本次销售决策产生影响的人。通过这种方法得到的信息较为清晰、精准，可以让销售人员在短时间内对目标客户所在公司的决策流程有清楚的了解。但销售人员需要注意信息的有效性，确保是最新信息。

2. 电话询问

致电是较为传统且简单的方法，销售人员可以通过各种渠道获取对方公司中高层管理者的联系方式，力求与关键决策者进行直接沟通。但现实中，公司中高层管理者的联系方式往往较难获取，因此销售人员还可直接拨打对方公司的电话，想方设法与关键决策者取得联系。值得注意的是，在实际工作中会有部分人对销售人员的致电存在抵触情绪，销售人员在致电过程中需注意态度、语气、措辞。

3. 查看客户名片

如果销售人员已经与客户互换了名片，名片上的个人信息一般是准确、完整的，那么销售人员可以通过名片了解客户的职位信息，衡量其是否是关键决策者。

2.1.4 确定需要整合的资源

销售人员整合资源的本质是补充自己缺少的能力与智慧。销售行业竞争很激烈，很多销售人员每天都在发愁怎么才能提高销售额。销售额低的原因是缺少优质客户，缺少客户的原因是没有整合众多现有及潜在的资源，无法将这些优质客户“为我所用”。销售人员在实际工作中需要的资源包括但不限于客户群体、产品、人脉等。

一般人只关心自己想要的资源，只想把别人的资源变成自己的，而不关心别人想要的资源，也不愿意给别人想要的。一般思维和整合思维最大的差别就是：一个人在明确自己想要的资源以后，会以对方为中心，研究对方想要什么，然后为对方提供他想要的，获得对方的信任和认可后，对方再自愿提供你想要的。

大单销售的经营战略更加重视外部资源的整合与运用，要求企业将市场营销、生产研发、技术支持、财务金融、内部管理这五个经营要素全部围绕着以客户资源为主的企业外部资源来展开，实现内部资源管理和外部资源管理的有机结合，并保持不断创新。

创造资源的过程很漫长，可能需要几年、几十年，甚至几代人的积累与摸索，而通过整合资源，能在最短的时间内整合几十个、几百个资源，为企业的发展带来更大的机遇和可能。销售人员要做的就是找到自己所拥有的更有优势的资源，分析自己的劣势。将这些资源整合为一个资源表，能让销售人员更直观地了解自己在某一阶段的整合重点，从而进行专项突击、查漏补缺，将优质客户“为我所用”，成为销售行业中更优秀的一员。

2.1.5 进行真实的销售演练

大订单客户的决策者往往不是单独一人，而是一个团队。在时间与条件允许的情况下，销售人员可以先和对方团队中的部分人进行销售演练，以便在正式进行销售谈判时规避一些问题。

销售行业从不缺乏竞争，大单销售更是如此。在同行业竞争中，价格战永无止境，现实中很多客户都存在“即使产品贵一点，也要保证质量好”这种心理，因此，销售人员需要利用优质的产品留住客户，做好服务，赢得客户的支持。销售人员在拜访前不妨先用前辈的成功实战案例进行演练，提高销售过程的熟练度，让自己更加从容且自信地应对客户的提问。

大众对销售人员似乎天生存在排斥心理，再加上销售行业鱼龙混杂，客户对销售人员存在疑虑也无可厚非。销售人员应学会尊重客户的主观意识与习惯，正确处理客户的不满，提高自身业务能力，最终获得客户的信任。预设客户可能会提出的问题并提前思考解答，是优秀销售人员必备的能力之一。笔者整理了多年销售经历中经常遇到的几类问题，供读者参考。

当客户提出，他可以从其他公司那里获得更优惠的价格时，销售人员可以做出类似回答："对方公司的交货期我想您应该有所了解，如果您对交货期没有要求的话，该公司的价格的确有优势。另外我公司的售后服务比该公司更全面，我公司将提供以下售后服务……"针对此类问题，销售人员可以先表达自己对客户决定的理解与支持，同时强调自己公司能够提供的服务明显优于同行。

当客户提出未来可能会增加订单数量，想要再谈一下价格时，销售人员可以做出类似回答："咱们先按目前订单量来定价，若您未来增加订单，我这边再核算一下，新订单会给您一个满意的价格。"在对方没有表现出真金白银的诚意前，暂时不考虑对方提到的未来收益，这很有可能只是客户为你画的一张饼。此道理对己方同样适用，销售过程中不要开"空头支票"，销售人员需要为自己说出的每句话负责。

客户提出的问题五花八门，这里不一一赘述。销售人员需要在实际销售过程中灵活处理，并总结经验。面对客户的异议，销售人员要态度诚恳、具体问题具体分析，凭借自己灵活的应对方式与娴熟的交流技巧获得更多订单。

2.2 搜集信息：丰富的信息是谈判的底气

《左传》中曾言："思则有备，有备无患。"销售人员的底气来源于对客户信息、竞品公司、行业环境的详细了解。谈判是信息沟通的过程，受各种因素影响比较多，因此，销售人员要具体问题具体分析，做到临场随机应变。

2.2.1 目标客户信息：公司实力、决策部门、购买方式

盲目的销售拜访很难取得理想的结果，销售人员在售前准备中需要思考一些问题，如客户的实力如何，客户的决策部门会怎么做，客户的购买方式是什么。销售人员只有通过收集目标客户的资料，预测客户可能提出的问题并想出对策，才能在销售过程中变被动为主动。下面介绍几个行业中常用的获取客户信息的方法。

1. 关注媒体上发布的信息

对于销售人员来说，各类媒体是较为官方的信息来源，销售人员可以每天花费半小时浏览线上线下各类媒体平台的信息，了解最新的行业动态。值得一提的是，现在的新媒体平台大多使用"千人千面"的智能化推送机制，销售人员可以从平台上更快地找到自己需要的信息，找出目标客户的信息。

2. 利用好互联网这个大数据库

互联网作为继传统纸媒、电视媒体后的第三大媒体，打破了时间、空间、语言的局限，带来了巨大的信息量。销售人员可以利用互联网这一巨大的信息库，搜索与本行业相关的客户信息，通过致电、在各种信息平台上发布广告、在知名网站上发布专业文章等方式挖掘新客户。

3. 充分利用好自己的社会人际关系资源

人际关系交叉点越多，人际关系就可以给你带来更多的资源。大单销售人员需要在日常工作中妥善处理与客户之间的关系，获取更丰富的人脉资源，形成自己的人脉网络，从而获得更广阔的职业前景。

2.2.2 行业环境信息：竞品信息、国家政策、行业现状

销售人员在向客户推销产品之前，不妨多了解同行的相关信息。例如行业竞争对手有哪些，他们与客户的关系怎么样，他们如何开展营销工作，自己及竞争对手在竞争中分别处于什么地位等问题。搜集竞争对手资料是销售人员的必修课，能够让销售人员更加清楚自己的公司、产品在行业中拥有怎样的战略地位，从而更好地回避自己的劣势，使公司及产品更好地适应行业竞争中的市场变化。而了解竞争对手的优势和劣势、摸清竞争对手的关系网，能让销售人员在竞争中占得先机。

在实际应用中，销售人员可以找到产品在某一方面不可替代的特性，从而找到和竞争产品的对比点，例如和知名品牌的产品比服务、

比价格；和杂牌的产品比品牌、比品质。和竞争产品的对比很大程度上影响着销售人员的后续报价，形成一系列的连锁反应，因此，获取高质量、有效的竞品信息是每个销售人员在售前准备中的重要工作。

行业环境并非一成不变，通常是稳定与变动交替循环。对于大多数行业来说，公司需要根据行业环境的变化来调整自身的运营方向。而对于销售人员来说，过去成功的销售经验可能并不适合今天的销售，甚至可能带来负面作用。因此，销售人员需要时常关注国家最新政策，解读其中可以为自己带来红利的部分，顺应时代潮流。

第3章

开发客户：
勤拓市场，挖掘潜在大客户

客户的数量与质量直接决定销售人员的业绩及企业的运营状况。客户的质量参差不齐，是一个不可控因素，因此，销售人员要在增加客户数量方面付出更多努力，致力于开拓客户市场，从而挖掘更多的潜在大客户。

3.1 构建用户画像

客户群体数量众多且质量良莠不齐，但销售团队的人力、物力资源是有限的。如果不对客户群体进行筛选与管理，“一刀切”地将团队资源平均分配，只会造成团队资源的极大浪费。构建用户画像是解决该情况的有效方法，可以帮助销售团队评估客户质量，方便团队在配置资源时参考。

3.1.1 用户画像八要素

拓展客户是销售人员工作中的重要一环，其目的是帮助团队获取更多有效客户，提高成交率，因此，构建有效的用户画像对销售人员而言十分重要。一幅有效的用户画像由八要素组成，即基本性、同理性、真实性、独特性、目标性、数量性、应用性、长久性，八个词的英文首字母构成单词Personal，即销售人员在构建用户画像时须注意以人为本。

1. P（Primary）——基本性

基本性指的是在获取用户角色时应遵循一定的步骤。例如用户画像的构建是否以真实用户的情景访谈为基础、是否经过数据统计和归纳、是否具有普遍性的规律等。

用户画像的基本信息必须来源于用户的真实反馈，这样才能保证用户画像所代表的用户是真实存在且有一定数量基础的。

2. E（Empathy）——同理性

同理性指的是用户画像中有关姓名、照片和产品的描述是否能引起其他用户的同理心。例如，现在大部分人都网上购物，某人使用优惠券购买商品省了钱，他的朋友也想使用优惠券省钱，那么他的朋友就产生了同理心。

用户画像只有具备同理性，才能让销售人员更广泛地理解用户需求和行为背后的原因，如图3-1所示。

图3-1　同理性地图

3. R（Realistic）——真实性

真实性指的是用户画像是否可以是一个具备普遍规律、符合真实世界人物个性的真实的人物。

真实性是形成用户画像的一个关键要素。例如，一个微商添加了许多客户微信，他会在朋友圈发布自己的产品，并截取客户的真实反馈作为佐证，以此让新客户在看完他人的反馈后更信任自己。相对而言，如果用户画像脱离客观实际，是凭空捏造的，那么销售人员很难做出正确的营销判断，也就很难赢得用户的信任。

4. S（Singular）——独特性

独特性指的是用户画像具有鲜明的特征，能够代表目标用户。

德国哲学家莱布尼茨曾言："世上没有两片完全相同的树叶。"例如，每个人浏览淘宝都会产生"我的足迹"，两个不同使用者的用户足迹可能会有部分重合，但完全相同几乎是不可能的。因此，在构建用户画像时需要突出这种独特性，体现不同用户的不同特点，然后有针对性地进行营销。

某保健品品牌根据用户画像，将旗下的护眼片分为普通护眼片、中老年护眼片、专业护眼片以及儿童护眼片。这是因为每个用户都是独一无二的，他们的护眼需求也有不同：普通人需要缓解视疲劳，老年人需要防止眼部退化，患有眼疾的人需要防止眼部病变，儿童则有预防近视的需求。在用户画像中精确体现不同用户的不同特点，会让营销活动更贴合用户需求。

5. O（Objective）——目标性

目标性指的是用户画像是否与产品的高层次目标相关，是否可以准确描述该目标。

例如，某人通过别人的分享成功安装并注册了某优惠券App，并通过该App购物省了钱，那么可以认为他的目标与这个App的高层次目标吻合，而描述该目标的关键词就是“省钱”。由此可以看出，这个App的高层次目标是“分享”和“省钱”。

产品的高层次目标往往与其核心功能相关，如果用户画像不能找到需要产品核心功能的用户，很容易偏离营销重点。

6. N（Number）——数量性

数量性指的是用户画像的数量级是否明确，以便销售团队构建核心用户画像，并且在后续的营销过程中根据用户的数量级设置不同渠道的推广权重。

7. A（Applicable）——应用性

应用性指的是销售团队是否能将用户画像作为一种决策时的实用参考工具。

例如，电商平台的产品推荐系统会根据用户画像将一些产品推给特定用户，如将婴儿奶粉推荐给孕妇，将文具推荐给学生等。

8. L（Long）——长久性

长久性指的是用户画像标签的时效是否足够长，是用过一次就失效，还是能跟随产品的更新而进行相应改善。

每个用户画像都需要具备长久性这一特质，这样可以保证销售团队找到的用户是长久有效的，否则只会平白增加团队筛选用户的工作量。

3.1.2 明确PUV构成，简化销售过程

PUV（Perceived Use Value，预期使用价值）是指客户购买商品时对商品的心理预期价值和价格。若商品能够满足客户的PUV，则成交概率很大。而如何确定客户对商品的需求，则成了销售团队的一大难题。设计相关客户的需求调查表，了解客户的PUV构成，能够帮助销售团队有效简化销售过程，提高销售效率和成交率。

实际上，PUV是一种广义上的概念，代表了客户对于预期购买的商品和预期使用商品时的满意度。销售团队可以针对客户的PUV设计调查表，针对PUV中的核心内容进行修改，提高销售团队的核心竞争力。在调查表中需要涉及的内容有如下几项。

（1）使用人。不同行业对使用人的调查内容不同。例如，4S店可以询问驾车人驾龄、是否是家庭用车等；房地产销售可以询问购房人的家庭结构、是否婚育等。

（2）心理预期。预算价格是客户在购买商品时不可或缺的考虑因素，而产品价格与产品性能密不可分。客户在对整体行情进行了解后会对产品的价格及品质进行简单的判断，对能以预算价格购买到的商品也有一定期望值。

（3）影响因素。通过询问客户会影响其购买的相关因素，判断销售团队在行业内的核心竞争力。如果影响客户购买的相关因素包含

销售人员的销售策略不当或服务不周到，则需要进行自我反省。

（4）其他内容。因为各行各业面临的问题不同，所以销售团队制定的需求调查表也会不同。基于这样的基础，销售团队需要根据自身情况进行相关问题的设计。

销售团队可从以上几点内容出发，健全、完善以客户为主导的需求调查表，使调查表得出的数据能够相对准确地反映客户的PUV构成，并通过数据对所售产品以及经营理念进行相应改善。

3.2 明确客户优先级

科学评估客户群体的价值、明确客户的等级后，销售团队能将有限的资源更有效率及针对性地分配给各层级客户，避免资源浪费，提高团队成交率。

3.2.1 客户群体差异化管理

差异化是生产者向市场提供独特产品，并取得竞争优势的过程及结果。对于销售行业，差异化意味着销售团队要对客户群体实施动态化管理，从而降低客户维护成本，将优势资源提供给高潜力、高价值的核心客户。

1. 对客户进行价值化研究

销售团队进行客户差异化管理建立在客户价值不同的基础上。通过对客户的研究与分析，销售团队不仅能对其进行分类管理及优劣筛选，还能够依据需求对客户实施激励与挽留策略。找出潜力型客户群、价值型客户群、过度服务客户群及潜在客户群，是销售团队的客户管理决策的关键因素。某汽车销售公司在设计同一系列的不同车型时，就参考了各类客户群体的年龄段、生活方式及消费习惯等方面的差异，如表3-1所示。这个系列的车型因其精确的客户群定位与贴心的设计，一经上市就销量猛涨，好评如潮。

表 3-1　某汽车销售公司的部分客户群特征

车型	客户年龄段	生活方式及消费习惯	消费热点区域	集客方式及媒体取向
晶锐	25～35	目标群体在本区域女性居多，她们的消费习惯极为理性，50%为家庭第二辆汽车，购车决策一般为男性，在不失去驾驶乐趣、外观迎合女性的同时，决策者会理性考虑车辆的安全性能	电影院、酒吧、各大型商超、卖场	对目标客户开展以家庭为单位的，符合居家游戏的、融合安全教育的店头活动为主开展公关活动。户外覆盖性的客户公关活动可以涉及全车系开展；网络是资讯的主要渠道；兴趣点围绕家庭出发，购物、家庭聚会、郊游等形式，电台是工作生活途中的选择，喜欢音乐类、家庭类节目

续表

车型	客户年龄段	生活方式及消费习惯	消费热点区域	集客方式及媒体取向
明锐	28～40	目标群体以男性为主，如教师、公司白领等。他们的工作相对稳定，受教育程度较高，在消费时往往会关注产品所宣传的理念，在认可产品理念的情况下，目标群体更有可能成为汽车的用户	书店、电影院	目标人群由于职业特性对传统媒体比较关注；网络是资讯的主要渠道；兴趣点围绕家庭出发，购物、家庭聚会、郊游等形式，电台是工作生活途中的选择，喜欢音乐类、家庭类节目；选择平面媒体、电台、网络作为主要沟通渠道，需要在选择的媒体上把目标群体的兴趣点和媒体栏目版块结合起来；扬长避短平面、网络、报纸的优劣势，达到精准与实效。户外覆盖性的客户公关活动可以涉及全车系开展

电信行业销售团队在差异化管理上的做法非常值得借鉴。中国移动和中国联通会逐月计算ARPU（Average Revenue Per User，平均用户收入），对客户进行精准定位，明确可以成为其目标客户的人群，并坚定不移地为此类客户服务。此外，中国移动和中国联通划分高、中、低端客户的标准并非一成不变，而是随着客户的具体消费情况的变化，客户的星级也会逐年调整。这样动态化的管理既能有效降低客户管理成本，又能提高管理客户的效率，还有利于提升客户价值。

2. 对客户实施差异化管理

对客户实施差异化管理是销售团队维护客户关系的关键，且这一做法对交易双方都大有裨益。

先从销售团队的角度出发，不同规模的客户为销售团队贡献的价值往往差别很大。基于这种情况，销售团队需要对客户进行分类并采取不同的服务与管理策略，针对性地分配有限的团队资源，更好地为优质客户服务。

再从客户的角度出发，客户对差异化管理同样具有潜在的要求，且认为满足其个性化需求是销售团队对其的尊重，因此，客户更倾向于和能满足自己个性化需求的销售团队建立合作关系。此外，不同客户对增值服务的需求也存在差异，客户与销售团队建立合作关系的层次越深，就越希望得到更多的增值服务。例如，化妆品销售行业常常会依据客户的消费额度为客户赠送金卡、银卡、铜卡等折扣卡；不同的消费额度能兑换不同的礼品；对于忠实消费者，在其生日或品牌纪念日时，专柜还会送上专门礼品。简而言之，客户的个性化需求和增值服务需求被满足的程度，与其满意度和忠诚度成正比。

3. 不同客户不同对待

服务营销战的核心目的是争夺客户，尤其是争夺优质客户。销售团队需要以动态的眼光来评价客户是否优质，具体来说，就是不仅看客户当前的价值，更关键的是看客户的终身价值，如该客户的成长潜力、对销售团队的利润贡献度等。

若销售团队采取“一刀切”的管理政策，部分高价值客户可能会感到被忽视。这部分高价值客户会产生他们为销售团队创造的高利润未能得到对应回报的想法，并且很容易在后续合作中失去耐心与积极性。

时代在不断发展，客户的个性化需求每年都在上涨，他们也更倾向于通过享受卓越的服务来展现自己与其他人的差别。而对于低价值客户，销售人员不能不闻不问、消极处理，而要通过激励措施来促使其向高价值客户转变。

3.2.2 筛选出有效客户

有效客户是指那些能够以直接或间接的方式为销售团队带来效益的客户。其中，直接效益指的是当客户直接与销售团队进行业务往来时，如客户购买产品、服务等，销售团队能够从中获取的效益。间接效益则是客户与销售团队之间没有供需关系、物资交换，但客户的营销行为使销售团队的宣传渠道得到扩张、宣传策略得以优化，从而产生更多效益。

如果销售人员想确定目标客户是否为有效客户，需要对目标客户进行筛选。这是一个优中选优的过程，排除非有效客户的指标有以下两个。

1. 经济条件不达标

在筛选条件中，经济条件是重中之重。销售人员可以通过客户的衣着打扮、言谈举止对客户的经济条件进行初步判断，但不能盲目地将观察得出的结论作为判断客户的唯一标准。销售人员可以通过深入的交流确认目标是否具有成为有效客户的经济能力，再据情况对目标进行分类。

2. 不具备需求

不具备需求的客户对于产品的渴望度较低。虽然这类客户有可能成交订单，但销售团队在促进成交上花费的时间与得到的收益不成正比，而且订单收益的综合比值低、相对成本高，因此，不具备需求的客户可以优先排除。

借助以上两点指标，销售人员能够将很大一批非有效客户排除，从而有针对性地为有效客户提供服务，提高自身的工作效率和成交率。

3.2.3 少进行无意义的谈话

销售人员在与客户沟通前，要明确自己需要提出的问题、客户可能会提出的问题及相应对策、不能够及时回答客户问题的缓和方法等，从而保证与客户的沟通是高效、有意义的，尽力给客户留下专业、靠谱的印象。此外，销售人员还要保证在工作过程中说的每句话在事实与逻辑层面都无懈可击、让人信服，这样的语言才具有力量，才能让客户产生聆听的兴趣。

向潜在客户发出邀约是提高销售额、提升销售团队客户流量的重要方法之一。这需要销售人员与潜在客户建立良好的关系，而建立良好的关系需要一个循序渐进的过程，销售人员不能操之过急，也不能松散、懒惰。

在对潜在客户进行邀约前，销售人员可以先向潜在客户致电，向其讲述产品的优势与团队的优秀服务，并帮客户预约排号。而后，销售人员可以邀约客户来店试用，其成功率会远高于直接邀约，也能够筛选出一批对商品兴趣度较高的优质客户。致电邀约要有科学的流程，如图3-2所示。

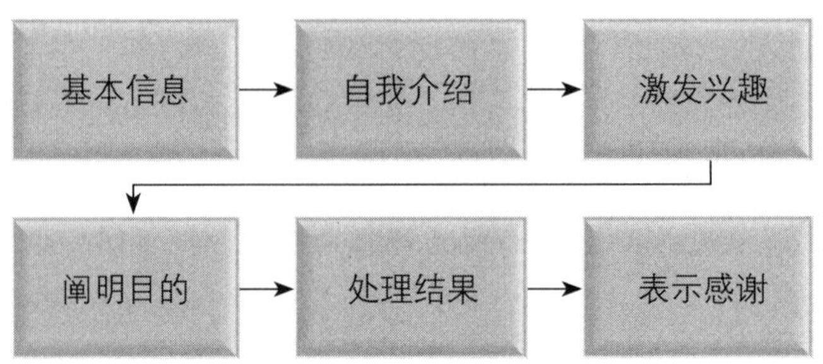

图3-2　销售人员邀约潜在客户的流程

1. 基本信息

基本信息包括潜在客户的姓名、地址、年龄、电话等内容，事先对客户进行了解能有效提高客户的好感度。对于经验不足的销售人员而言，还应准备一份电话沟通的提纲，保证在与客户沟通时能够高水准发挥自己的专业知识、对答如流。

2. 自我介绍

销售人员应言简意赅地介绍销售团队的业务与商品，直截了当地表达自己的来电意图，以防客户因找不到通话重点而直接挂断电话。

3. 激发兴趣

在与潜在客户的通话过程中，销售人员需要根据已了解到的客户信息，找出能够激发客户潜在兴趣的关键点，从而促进潜在客户的转化。

4. 阐明目的

销售人员在讲述商品的优势后，可以直接向潜在客户阐明来电目的，并询问客户是否需要进行预约排位。

5. 处理结果

销售人员记录潜在客户是否需要预约排位，并将预约客户归为意向客户，将未预约客户归为待开发客户。对于意向客户，销售人员要进一步跟进其现场体验，直至最终达成交易；对于待开发客户，销售人员可再次进行电话邀约，尝试换个角度激发客户的兴趣，尽力实现向意向客户的转化。

6. 表示感谢

无论客户是否预约，销售人员致电结束前都应该向潜在客户表示感谢，给客户留下较好的印象，保证后续合作的可能性。

3.3 让客户主动联系你

忠实的客户不仅能主动联系销售团队，还能长期为销售团队贡献销售额。为此，销售团队要经营好与客户的关系，利用一些沟通技巧使客户对团队产生信任感，以实现长期合作。

3.3.1 先提供价值，再收取回报

当销售人员主动联系客户时，客户往往持抗拒、怀疑的态度。有经验的销售人员一定有过这样的体验：在大街上向往来的行人推销产品时，十有八九会被拒绝，而被拒绝的核心原因是销售人员推销的产品对客户而言没有价值，客户对产品确实不存在需求。

客户购买一款产品是因为产品的价值能够满足他的期待、解决他的需求。当客户主动联系销售人员时，一定是带着某种期待或想解决某种问题。很多销售人员在宣传产品的时候，都喜欢反复强调所售产品的功能、优点或促销打折的力度等，但其实真正有效的推广并非一味地展示产品的优势，而是要针对客户现实的需求、明确产品能给客户提供的价值。

在未成交前，销售人员要把产品的价值与理念传递给客户，让客户明白这款产品的性价比。销售人员在传递产品价值时可以使用以下三个策略，如图3-3所示。

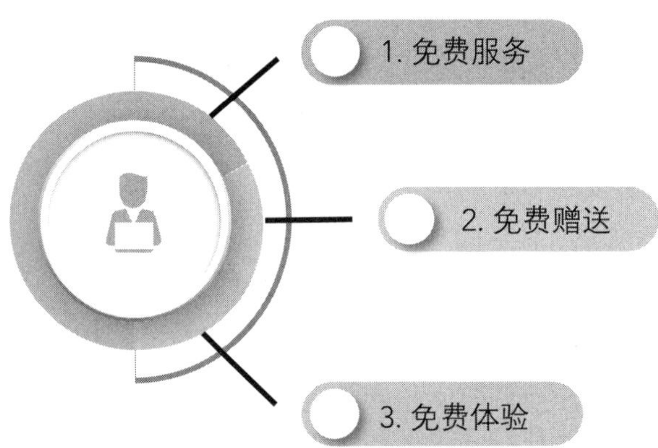

图3-3 传递产品价值的三个策略

例如，化妆品行业推出小样作为赠品，就是以免费赠送、免费体验的方式向客户展示产品的高价值，降低成交门槛并推销盈利产品，最后引导客户成交。

3.3.2 帮助产品实现自传播

小米的创始人雷军说过："好产品自己会说话！"这句话很多人都听过，也有不少企业把它作为经营的信条。产品是一个品牌的核心，也是其保持生命力的关键。

实现产品自传播的前提是产品足够优质，且在行业竞争中处于绝对优势地位。除此之外，从客户层面来说，如果产品能够给他们提供超出预期的体验或价值，客户也会乐于进行口碑传播，从而有助于提升产品的影响力，实现产品的自传播。

从公司层面来说，如果公司规模较大，可以采用积极的营销手段帮助产品进行自传播。品牌传播并非面向所有人群，需要找到核心消费者。但这需要销售人员绘制精准的客户画像，找到品牌黏度最大的群体进行营销投放，从而产生更大的边际效应。如果公司规模较小、试错成本较高，就要致力于提升产品质量，以质量推动产品的自传播。

综上所述，企业想要实现产品的自传播，最直接的方法就是提高产品的质量。用高质量的产品打动客户，真正满足客户的需求。

第4章

与客户建立良好的关系

销售人员与客户间的良好关系是交易的基础。而大订单因为数额巨大、影响深远，在交易过程中客户会非常谨慎，稍有疑虑就不会付款，所以成交大订单的前提是销售人员与客户建立了良好的关系，客户对销售人员有100%的信任。人与人之间的信任是通过相互的交集建立和连接的。交集可以是生活交集、工作交集或者感情交集，交集越多，人与人之间的信任度就越高。可见，销售人员与客户建立良好关系的过程也是加深对客户了解的过程，这不仅有助于获得客户的认可和青睐，还有助于销售人员在后续销售的过程中做出精准的决策。

4.1 专业知识：专业是建立良好关系的敲门砖

展示专业性是销售人员最快获得客户信任的方法。每位客户都希望帮自己解决问题的人足够专业，以省去自己研究的时间。如果销售人员能做到对产品的专业问题对答如流，甚至还能为客户提出专业、可行的方案，就很容易获得客户的信任，与客户建立良好关系。

4.1.1 展示比客户更加丰富的专业知识

有些客户出于对与产品相关的专业知识的不了解和对销售人员本能的不信任，会问销售人员一些专业的问题。客户这样做有两个目的：一是试探销售人员的专业性；二是将销售人员所述与自己的认知进行比对，寻找出入。客户可能会说："你能不能说一下产品的某参数和上一代的区别。”或者说：“我之前在网上看到某功能不是这样的。”这时，销售人员就要展示比客户更加丰富的专业知识，而不是含糊其词。

另外，近年来一些客户的公司规模缩小了，负责采购的人员和其他支持采购部门的人员都相应减少，因此，客户希望为他们提供帮助的人可以对他们的业务、财务状况、行业发展趋势有较深的了解，可以有效帮助他们削减成本或提升收入。当然，对于那些技术型、注意细节或对产品没有充分了解的客户，销售人员的专业知识更加关键。

我们经常说：“销售人员不一定是专才，但至少是通才。”这句话的意思就是销售人员必须展示出比客户更加丰富的专业知识，不仅是关于销售的产品和服务的知识，还包括关于客户的财务以及整个业务流程的知识。此外，相比于陈列数据来说，客户更希望销售人员能给他们提供解决方案，帮助他们解决专业问题。

4.1.2 积极帮助客户达成目标

近年来，随着“顾问式销售”概念在销售行业大火，越来越多的销售团队开始重视与客户的关系。科特勒说：“善于与主要客户建立和维持牢固关系的企业，都将从这些客户中得到许多未来的销售机会。”顾问式销售改变了将交易当作销售的核心和终点的片面理念，使销售团队和客户双向受益。在这种销售模式下，客户不再被动地接受产品，双方本着主动沟通、相互信任及互惠互利的原则互利交换，最终达到各自的目的。

顾问式销售之所以能大获成功，一个重要原因就是在这种模式下，销售人员能够积极帮助客户达成目标，满足客户内心真正的需求。

再能言善道的销售人员，也不会对着路过的男性推荐女装。因为销售人员心知肚明，男性客户一般对女装没有需求，其购物目标很少是女装。作为销售，如果不知道客户内心想要的是什么，不能按照客户的目标推销产品，是很难得到客户的信任的。销售人员要牢记：使用准确、巧妙的语言直触客户内心的需求，赢得客户信任，从而积极帮助客户达成他的表面目标和隐藏目标。在与客户进行交易时，可将成交的心理分为三步，如图4-1所示。

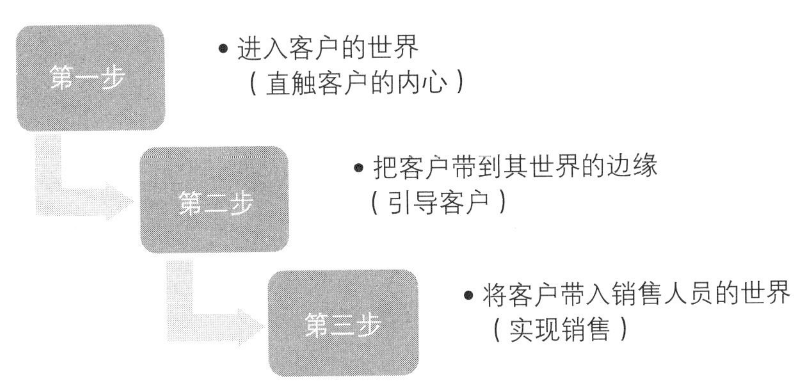

图4-1　成交的三步心理

第一步进入客户的世界，即销售人员通过观察客户、和客户沟通，找到客户的心理需求；第二步把客户带到其世界的边缘，即销售人员依据客户的目标针对性地陈述产品的价值，让客户了解产品能为他带来什么价值、能为他解决什么问题，从而引发客户的购买欲望；第三步，当客户有了购买欲望之后，销售人员就能进一步将客户带入自己的世界。此时客户已经明确了商品的核心价值，也有了购买欲望，销售人员要做的就是运用各种方法促使交易落地，例如销售人员可以采用赠送客户样品、提供八折优惠等方法促成交易。

俗话说，万事开头难。上述步骤中较为关键的是第一步，如果销售人员不能准确找到客户的真实需求，后面的流程便无法继续。

4.1.3 提供专业的帮助、建议

众所周知，客户购买产品是因为自身有需求或者希望寻求解决问题的方案。可见，作为销售人员，与客户建立良好关系的最好方法就是直接给客户提供专业的帮助或建议，帮助客户解决问题，满足他们的需求。

齐经理从事OA（Office Automation，办公自动化）系统销售工作。有一天他接到客户田某的电话，对方向他询问了产品的情况，但没有明确表达购买的意向。在电话交流中，齐经理了解到田某原是竞争公司的客户，但田某对竞争公司产品的实际体验不是非常满意，才寻求与其他公司合作。

齐经理在与客户田某沟通时，为田某细心讲解了公司开发的OA系统的功能，请田某自己权衡。因为田某之前有过一次糟糕的消费体验，他在这次与齐经理的沟通中态度消极，不肯轻信于人。齐经理在与田某沟通时细心地发现了其想法与顾虑，因此，齐经理处处留心，不仅在应用该系统的细节上提供了很多建议，还帮田某计算出了最优惠的付款方案，慢慢获取了田某的信任，最终双方达成交易。

此案例中，齐经理通过给田某提供专业的帮助和建议，逐渐获取了田某的信任，和田某建立了良好的关系，最终实现了双赢。由此可

知，销售人员给客户提供专业的帮助和建议，是与客户建立良好关系的重要前提。

如何高效地与客户建立良好关系是销售人员的必修课。以下三点可以帮助销售人员为客户提出最佳方案，与客户快速建立良好关系。

1. 建立同理心

同理心是销售人员与客户达成良好沟通的关键因素。想要为客户提出切实可行的方案，销售人员就要设身处地地从客户的角度思考问题，试想客户对于产品、公司会有什么疑问并把这些问题列下来，在实际销售的过程中主动为客户提供方案，打消客户的疑虑。此外，销售人员也可在语言上体现同理心。例如，销售人员在和客户沟通时可以多使用“您可能在想”“如果我是您”等换位思考的词句，充分体现自己能够想客户之所想的同理心。

2. 专业的表现

专业度是客户衡量销售人员可信度的重要因素。每个客户心中都对合作对象是否专业有自己的衡量标准。大家都愿意和靠谱的人合作，因此，销售人员需要格外注意专业素质的培养。专业度可以体现在以下两个方面。

（1）与客户的期望保持一致。客户会对销售人员的行为与形象产生期望，对于非常符合他们期望的销售人员，客户自然会给予更多的信任，因此，销售人员要力求与客户的期望一致。例如销售人员的着装要干净得体，男士以西装为主，女士要化淡妆，穿裙装一定要搭配丝袜。此外，在与客户沟通时，销售人员应使用普通话。若销售人员无法清晰表达自己的想法，令客户无法顺畅地接收信息，沟通就失去了意义，也会给客户留下不专业的印象。

在专业能力上，销售人员必须将公司及产品的信息熟记于心，熟练掌握产品的所有知识，尽力使客户认可产品。最重要的一点是能够解决客户的困惑和疑问，这不仅体现了销售人员的专业度，还能快速拉进与客户的距离，有助于后续的进一步沟通。

（2）寻求双方的共性。大量的研究表明，人们在和与自己相似的人相处时会更愉快，如相同的学校、相同的籍贯、相同的年龄段或类似的经历等。销售人员在寻求与客户的共同点时，可以提前调查客户的喜好，也可以在沟通时了解双方的共同点。如果发现双方有共性则要抓住机会建立良好关系，一旦建立亲密关系后，销售机会就会增加，交易达成的概率也会提高。

3. 洞察

销售是和人打交道的工作，体察人心能帮助销售人员清楚后续的沟通方向。在与客户沟通时，销售人员要依据客户的性格采用不同的语言技巧。例如同一件衣服，推销给微胖的女性客户，销售人员可以说："这件衣服显瘦，能使您看起来更加苗条。"对纤瘦的女性客户，销售人员可以说："这件衣服能衬托您的身材和曲线。"

人作为复杂的个体，需求是多种多样的。销售人员在与客户沟通时，一定要细心观察客户的表现，通过客户的外在行为深入洞察客户的内心，从而在客户众多需求中找到打动客户的关键点，并提出相应的解决方案。

4.2 可信赖性：争取与客户成为朋友

作为销售人员，我们要抱着交朋友的心态与客户沟通，并在客户有需要时给予客户足够的安全感。换言之，我们要多关心和爱护客户，重视客户的利益，最好能与客户做朋友。这样有利于维护我们和客户之间的关系，从而进一步推动复购率的提升。

4.2.1 保证承诺的兑现

王安石在《辞同修起居注状·第四状》中曾言："忠者不饰行以侥荣，信者不食言以从利。"这句话的意思是：忠诚的人不需要装饰自己的行为来得到荣耀，有信用的人不会通过食言来获得好处。

作为销售人员，切记不要轻易向客户做出承诺，尤其是做出超出实际能力的承诺。如果销售人员无法实现自己已经做出的承诺，那就会降低自己在客户心中的可信赖性，不利于后续销售的达成。销售人员可在能力范围内、实际条件允许的情况下，适当做出一些承诺。

遵守承诺是较为重要的一项品质，诚信为本是人与人之间沟通、合作的基石。如果销售人员不仅能遵守承诺，还能够超值兑现承诺，那么他在客户心中的地位就会大大提升。

戴尔说过："不要过度承诺，但要超值交付。"销售人员需要为自己做出的每个承诺负责，否则会失去客户的信任。销售人员如何才能做到遵守承诺、超值兑现呢？可以按照四维承诺法履行自己的承诺。

所谓四维承诺法，就是承诺要按时完成、遵守约定交易的地点、产品货真价实以及兑现高附加值的承诺，如图4-2所示。如果销售人员的承诺能够体现这四点，他就能够迅速与客户建立良好关系，而客户也很容易成为忠实客户。

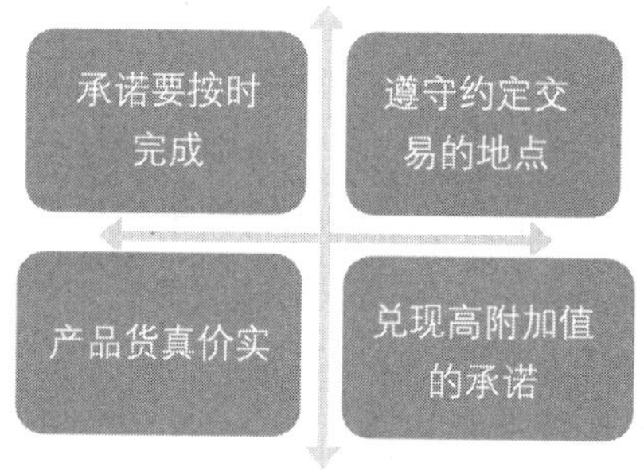

图4-2　四维承诺法

遵守时间是四维承诺中最重要的一点，是一切销售工作的前提。如果销售人员能在第一次与客户见面时遵守约定的时间，就会给客户一种良好的初印象，对日后的业务往来是大有帮助的；如果销售人员给客户承诺了产品交付时间，若产品能够按时交付，则会进一步加深客户对销售人员的良好印象，也能够体现销售人员的可信赖性。

小李是一家大型机械设备制造公司的销售人员，很多客户和他合作之后都成为他的长期客户。当公司新来的销售人员向小李请教成功之道时，他说："我谈客户没什么诀窍，只奉行一个原则，那就是说出口的话一定会做到。"

小李是一个特别信守承诺的人，只要是给客户承诺的事就一定会尽力达成。有一次，小李和客户约定上午10:00签合同，可谁知在去客户公司的途中，突然下起了大雨，交通拥堵。小李当即决定下车冒雨骑车去客户公司，最终在10:00前抵达了客户公司。客户非常欣赏小李的做事风格，很顺利便和小李签了合同，并承诺日后的订单都交给小李来做。

守时不仅是一种美德，更是一种良好的职业操守。作为销售人员，更要明白时间的珍贵。珍惜时间不仅是要注意不浪费自己的时间，还要时刻注意不能够浪费客户的时间。任何事都做到守时、守信，这样客户才会对你放心。

此外，兑现高品质和高附加值产品也很重要。高品质的产品是获得消费者认可的保证，高附加值的产品能够使销售人员在客户那里得到很高的附加分。倘若销售人员能在遵守时间的基础上，保证产品的高质量与高附加值，同时能持之以恒地做好售后服务，那么他在客户心中的地位将日渐上升，自然能获得更多客户的青睐。

4.2.2 保守买卖双方的秘密

契约的实质就是诚信，它是社会良性发展必不可少的元素。在商品买卖中，销售人员不仅要严格履行契约，还要对契约有敬畏之心，不要随意泄露契约内容。对于一些金额、数量较大的订单可能会涉及双方公司的机密信息，如果销售人员不能严格对契约内容保密，不仅会丧失客户的信任，还有可能触犯法律。

《中华人民共和国刑法》第二百一十九条规定：有下列侵犯商业秘密行为之一，情节严重的，处三年以下有期徒刑，并处或者单处罚金；情节特别严重的，处三年以上十年以下有期徒刑，并处罚金：

（一）以盗窃、贿赂、欺诈、胁迫、电子侵入或者其他不正当手段获取权利人的商业秘密的；

（二）披露、使用或者允许他人使用以前项手段获取权利人的商业秘密的；

（三）违反保密义务或者违反权利人有关保守商业秘密的要求，披露、使用或者允许他人使用其掌握的商业秘密的。

明知前款所列行为，获取、披露、使用或者允许他人使用该商业秘密的，以侵犯商业秘密论。

本条所称权利人，是指商业秘密的所有人和经商业秘密所有人许可的商业秘密使用人。

除了对公司层面的机密信息保密外，对客户在交谈过程中提及的个人隐私也要严格保密，个人隐私包括婚姻状况、子女信息、财产问题、健康状况、生理缺陷等。客户一般是把销售人员当成自己的朋友，才会向其透露这些个人隐私。如果销售人员随意将这些信息泄露出去，不仅辜负了客户对自己的信任，影响自己接下来接洽其他客户，严重的还会侵害客户的个人权益，构成犯罪。

老赵是一名汽车销售人员，他性格豁达、不拘小节，但在处理事情上又心思缜密，能考虑到客户各种疑虑，也能竭尽全力为客户排忧解难。因此，他在业界的名气很大，很多老客户都是他的忠实“粉丝”。

老李是老赵的一名老客户，家境条件较为优越，曾通过老赵购买过一辆豪华汽车，后来因为汽车的保养、修理问题多次来找老赵，一来二去二人就熟络了起来。老赵细心地发现，老李有段时间总是郁郁寡欢，后经询问得知，老李家的孩子正值青春期，不服管教，花钱大手大脚，老李为孩子的教育问题苦恼不已。

在之后的一次维修后，老赵主动提出请老李喝咖啡，和他聊一聊。老赵说："老李你也不必太苦恼，每个家庭都会面临子女教育的问题。你家儿子正处于叛逆期，你不能和他较劲。你应该给他讲道理，让他多参与社会实践活动，让他明白赚钱不易。"此外，老赵又结合自身教育经验，向老李分享了许多教育子女的方法。这件事之后，老李给老赵介绍了很多客户，他们不仅成为长久的生意伙伴，还成为无话不谈的好朋友。

虽然老李会与客户谈论一些隐私问题，可他向来对客户的个人隐私守口如瓶。时间久了，老李因为心细、口风严的优点跟很多客户都成为朋友，业绩也越来越好。

一次有意义的隐私谈话，能进一步拉近销售人员与客户的关系，不仅可以达成交易，还能多交一个朋友。如果销售人员能一直对客户的秘密守口如瓶，就更能树立一个可靠、值得信赖的形象。

4.3 客户导向：充分重视人的作用

人们只有在听与自己有关的事情时，才会格外专注。客户是整个销售过程的中心，销售人员的方法、策略、语言都要围绕客户的特点进行设计。

4.3.1 换位思考，以客户为中心分析问题

很多销售人员，特别是销售新手，在和客户交谈的过程中，总是容易自说自话，没有顾及客户的感受。他们时常会苦恼，自己说了很多，客户却听不进去，草草就拒绝了。这是因为他们在说话的时候，总是把自己放在首要位置，不能对客户做到将心比心、推己及人。

自说自话的行为很像给别人解释梦境，也许当事人会觉得梦境绚丽多彩、趣味横生，但因为对方没有亲身经历，所以会觉得难以理解，甚至枯燥乏味。

销售人员说话的目的不是单纯地和客户聊天，而是让客户接受自己传达的内容，做出购买决策。因此，销售人员在与客户交流时，应该把客户放在首要位置，换位思考，为他们解决问题，打消他们心中的所有疑虑。

有一次，小王和一位销售员谈业务，那位销售员在行业内工作多年，见多识广。可和小王谈业务时，一打开话匣子，他就滔滔不绝，从天南聊到海北，小王完全没有插话的机会，只能单方面听着，同时用语气词去回应对方。过了许久，小王终于鼓起勇气，找了个借口结束了对方的“单口相声”，最终也没有选择和那位销售员合作。

在两人的沟通中，销售员完全没有顾及小王对于自己所说信息的反馈，一直在自说自话，导致这场沟通完全没有起到应有的互动交流效果。

那么销售人员在与他人的沟通中，怎样才能避免自说自话呢？在沟通中一定要换位思考，多站在客户的角度考虑问题，不能只考虑自己。客户喜欢听什么话、对什么话题感兴趣、要怎么组织语言客户才

更乐意接受，都是销售人员在与客户沟通中需要重点关注的问题。

美国的街头经常会有一些乞讨者，他们展示的标语大多是“我失业了，请帮助我”“家里还有孩子需要喂养”，稍微有些创意的标语有“太正直了，所以不去偷窃”。但他们得到的帮助很少，原因就在于他们的标语完全是以自我为中心，并没有从施舍者的角度考虑。

为了解决这一问题，美国营销专家派崔克·雷诺伊斯进行过一个有趣的尝试。他在旧金山把一个乞讨者的标语改为“如果是你在挨饿，你该怎么做？”，并且标语中的“你”十分显眼，这次尝试的结果是乞丐的收益在随后的两个小时内翻了六倍。这就是换位思考的力量。

当销售人员在说话时能更多地为客户考虑，以客户更能接受的方式斟酌语言，就能最大限度地避免自说自话，从而使沟通的质量和效果都能得到大幅度提升。

4.3.2 将产品销售给自己，再销售给客户

如果销售人员不知道如何做到换位思考，可以进行一次简单的尝试——将产品销售给自己，再销售给客户。具体方法就是将自己代入客户的角色，预演销售情景，通过自己的亲身体验寻找能够打动客户的关键点。

每次销售前，销售人员可以问自己一个问题：“如果是我，我会接受销售人员的建议购买产品吗？”如果销售人员无法说服自己购买产品，又何谈说服客户呢？这种尝试会使销售人员更客观地评估产品和自身的优劣势，增加销售人员的自信。只有销售人员对自己、对产

品足够自信，才能给客户传达积极的影响，引导客户产生购买欲望，最终成交订单。

小马是一家原料工厂的销售人员，每次销售前他都会对客户进行充分研究，然后带入客户的角色演练销售过程。因此，他每次都能准确捕捉客户的需求，为他们提供满意的服务。

有一次小马通过电话沟通邀约了一位客户。经过简单的沟通后，小马了解到客户是一家最近才进入当地市场的工业品牌，想在当地找一家质量过关的原料工厂。通过更深入的沟通，小马得知这位客户急于参加当地的工业博览会，要求货品数量多、质量高。

小马了解到客户的需求后，告诉客户自己的工厂可以为其加急完成订单，并且质量、数量都有保证。如果客户找其他工厂，可能需要多等1个月。因为客户初来乍到，又没有时间货比三家，所以小马着重向客户强调了交付的时间，又向客户暗示很难再找到能加急完成订单的工厂。

随后他添加了客户的微信，给客户发送了一些工厂的实地照片和视频，并告知客户可以随时来参观。客户听小马说完了工期和时间，立即决定去工厂实地考察，在实际查看了产品质量后，立刻和小马签订了合约。

在这个案例中，小马很好地把握了客户的心理、直击客户的需求。小马所有的销售行为都是以客户的需求为前提，为客户解决燃眉之急，因此很容易成交。

4.4 相容性：打开话题需要良好的人际关系

人们在面对陌生人时，都会开启防御模式，对陌生人产生天然的不信任。销售人员想让客户与自己成交高额的大订单，就要让客户卸下防备，与自己成为朋友。

4.4.1 建立讨人喜欢的第一印象

阿里巴巴在刚成立的那几年，马云一直想方设法拉投资，但几乎无人理睬。直到孙正义慧眼识珠，才解决了阿里巴巴初期资金困难的问题。孙正义只用了6分钟就做出了投资决定，多年后有人问起，孙正义说，当初对马云的第一印象是他比较靠谱，便认为他做的事也靠谱。

其实孙正义对马云的第一印象就是首因效应在发挥作用。首因效应是由美国心理学家洛钦斯提出的，指在人与人的交往过程中，第一印象会影响后续交往中的关键决策和行为。因此，在销售过程中，客户对销售人员的第一印象尤为重要，它会使客户产生“先入为主”的观念，也决定了客户对销售人员的主要看法。

大家都应该知道，客户很少会跟自己第一眼就不喜欢的人成交订单，因此，销售人员要注重塑造一个“讨喜”的第一印象。

塞·巴特勒曾经说过：“一位有自知之明的人常常转动心中的明镜鉴照自己。”在开始工作之前，销售人员要明确自己的定位，确定在客户心中自己要成为一个什么样的人或自己要塑造一个怎样的形象。例如，销售大型机械设备，就需要塑造一个稳重、可靠、专业的形象；销售潮流单品，就需要塑造时尚、年轻、活泼的形象；想给客户提供金融服务，就需要塑造一个精英、真诚、经验丰富的形象。

销售人员要学会利用细节让对方在潜移默化中接受自己的形象。例如，销售人员在销售金融产品时要穿正装、头发整齐、行为举止大方得体、礼貌、有风度等，以暗示客户自己受过良好教育，是有能力的高端人才。

形象的塑造也要与周围的环境相匹配。在销售之前，销售人员要充分了解销售的场景和环境，以获得主场优势。例如，先明确谈判是在自己的公司还是对方公司进行，现场的环境如何以及是否会出现可能导致自己“出糗”的意外因素；再如，谈判是在高尔夫球场、休闲会所等具有娱乐性的地点，销售人员可选择稍休闲的服装，以便陪客户进行一些娱乐活动，拉近与客户的距离。

值得注意的是，销售人员最好以自己的优势作为形象塑造的闪光点，如背景深厚、经验丰富、学识渊博等。如果表现出的个人形象与自身的真实情况相差太多，一旦被对方拆穿，就会给对方留下虚假、不真诚的印象，反而会给销售工作造成阻碍。

4.4.2 和客户做朋友

有经验的销售人员会把客户当作朋友，以朋友的身份跟客户交流，时刻为客户的利益着想。在销售过程中，一些销售人员会刻意模糊自己的身份，用一些方法强调自己与客户的朋友关系，如改变称呼、一起吃饭、私下关怀等。在与客户建立了良好的人际关系后，适时进行产品销售，客户会更容易接受。销售人员可通过以下方法和客户做朋友。

1. 在心底把客户当作老朋友

其实，无论用什么方法都很难把第一次见面的客户转化为好朋友。但是销售人员需要尝试，逐渐拉近与客户的距离。一方面，销售人员见到客户的时候不能太拘谨，要用自己的热情去感染客户，缓解初次见面的尴尬；另一方面，销售人员要从内心将客户当作自己的朋友，和客户平等沟通，真诚地为客户考虑。

2. 要善于观察，分析总结

如果想要和客户成为好朋友，必须要了解客户的性格与兴趣。而了解客户必须要做到敏锐观察、迅速反应。

小朱能够通过敏锐的观察了解客户的个性，从而为进一步的销售做准备。通常小朱去客户那里时，总会用余光迅速观察办公室的布局和装饰物，然后和客户沟通的时候会观察客户的衣着和发型等信息，以此来了解客户的生活状态和喜好。

她会在脑子里迅速分析观察到的东西。如果看到桌子旁边有运动鞋，就可以判断客户可能喜爱运动；如果看到办公室里的装饰物是名人字画，就可以判断客户可能对艺术品颇有研究。把观察到的所有信息分析整合后，小朱就可以对客户有一个初步了解。

在介绍完产品后，小朱就会询问客户一些问题。例如，“您平时是否爱运动”“您平时是否爱好收藏字画”等。小朱这样做有两个目的：一是判断客户的性格，如爱运动的人可能比较开朗；二是找到一个共同话题，针对话题进行更多的交流，拉近彼此的关系。

3. 要认真对待客户，不要随意敷衍

销售人员会接触很多客户，很多销售人员抱着和客户做“一锤子买卖”的想法，认为只要此次成交了，就万事大吉。但是每位客户都拥有很多人脉资源，可能会给销售人员提供意想不到的价值。因此，销售人员在与客户沟通的过程中，要做到态度诚恳、语气温和、措辞得当，并能正视且满足客户的需求，真正将客户当作朋友。只有这样，销售人员才能逐渐打动客户，和客户建立良好的关系。

4.5 个人品牌影响力：让客户主动找上门

主动寻找客户不容易，让客户主动提出合作要求更不容易。但是个人品牌能够提升影响力，从而吸引客户主动抛出合作的橄榄枝。

4.5.1 行业媒体专访，增加曝光度

接受媒体专访是常见的宣传个人品牌的渠道。通过采访，公司或团队负责人可就某一问题发表自己的看法，或就某一问题提出具体的解决措施。这些采访内容的发布、传播将会提升产品或服务的大众认可度，让产品在销售前就被客户接受。

为了打造个人品牌，提高个人品牌的影响力，公司或团队负责人

必须谨言慎行，多输出一些积极正向的内容。2017年，在达沃斯论坛中，马云接受了《纽约时报》作家安德鲁·罗斯·索尔金的采访。此次采访充分体现了马云的好口才、高情商。

采访中，索尔金向马云问道："关于阿里巴巴、关于你们自身的商业模式，我想大部分西方人可能不太理解。我能否尝试让你们与亚马逊做一下比较？这样比较可能你们会觉得不太公平。不过令我感觉很有意思的一点是，亚马逊所追求的，我感觉比较像是重资产的商业模式，他们购买飞机，想拥有整个供应链；而阿里巴巴就零售部分来看，你们并不想自营仓库、物流公司，对此你怎么看？杰弗里·贝索斯（亚马逊创始人及首席执行官）正确，还是你正确，还是你们会在中间地带会合？"

面对这样刁钻的问题，很多人可能会不知所措，而马云表现得非常淡定，用与众不同的方式告诉索尔金，为什么阿里巴巴可以发展得如此迅速，并获得广大用户的喜爱。

首先马云回答说："我希望双方都是正确的，因为世界不是只有一种商业模式，如果世界只有一种正确的商业模式，这个世界将非常乏味。我们需要各种各样的模式，为某种模式而努力的人们必须相信这种模式，我相信我所做的。"这段话的意思是，条条大路通罗马，并不是所有电商都要效仿亚马逊的模式。

其次马云进行反击，说道："至于和亚马逊的不同，亚马逊更像是一个帝国，自己控制所有环节，从买到卖；我们则希望打造生态系统，我们的哲学是赋能其他人，协助他们去销售、去服务，确保他们能够比我们更有力量，确保我们的伙伴、10万个品牌和中小企们能够因为我们的科技和创新，而拥有与微软、IBM竞争的力量。"这段话想要表达的意思是，亚马逊是一个封闭式的帝国，核心是成就自己，而阿里巴巴则不同，希望可以帮助中国打造出千千万万个类似微软、IBM这样的企业。

最后马云又说："我们相信通过互联网技术，能够让每一家企业都成为亚马逊。去年我们的GMV（商品交易额）超过5500亿美元，如果要雇佣员工来负责这些商品的运送，我们需要500万人。我们不可能请500万人来运送我们平台上销售的商品，我们唯一能采取的方式就是赋能服务公司、物流公司，确保他们能够高效运作、能够盈利、能够雇佣更多人。"用真实的数据来展示阿里巴巴的成绩，同时也阐明了互联网在中国的良好现状，可谓是既宣传了阿里巴巴，又赞美了中国，一举两得。

在此次采访中，马云的回答十分完美。而采访过后，网友们都为马云的口才和情商点赞，公众对阿里巴巴这家公司也有了更好的印象。

4.5.2 输出专题文章，积累影响力

公司或团队负责人针对时事发表文章，或根据自己的经历发表文章，也是提升品牌影响力的好方法。马云、李彦宏、周鸿祎等知名企业家都在网上发布过高质量的文章。

如何完成一篇高质量的文章？我们需要注意以下要点。

1. 设计标题

对于一篇文章而言，好的标题至关重要。标题决定着读者会不会

阅读文章。好的标题重点突出、极富吸引力。例如，360公司创始人周鸿祎曾发表过一篇文章，标题为《泛安全才是安全行业的未来》，这篇文章的标题就突出了其内容的重点是泛安全。

此外，在标题中加上卖点也是吸引读者的重要法宝。例如，马云发表的一篇文章标题为《未来15年行业会痛苦且超乎想象》，在该标题的吸引下，很多读者都会好奇行业究竟会面临怎样的痛苦。

2. 设计引导语

设计引导语的原因是要吸引读者的注意力。引导语主要有两种形式：一是“时间 + 背景 + 应对措施”；二是将某热点当作引导语，引导读者继续阅读文章。

3. 正文条理清晰

文章的正文内容必须条理清晰。例如，文章内容包括近期大事件、行业现状、行业未来以及具体的应对措施等，需要对这些方面分别展开叙述。

4. 结尾进行正向总结

在文章的最后，可以对全文内容进行总结，但必须注意，总结一定要保证内容积极、正向。

除了掌握以上输出文章的技巧外，我们还要保证长期输出。只有经过长时间的积累，文章的影响力才会越来越大，品牌才会深入人心。

4.5.3 个人演讲，体现真实性

要想加快打造个人品牌的速度，演讲绝对是一个不可忽视的方法。特别是发布会等公开场合的演讲，更是可以直观地展示公司形象，输出公司文化，拉近公司与客户的距离。学会演讲对于打造个人品牌来说十分重要。除了练习以外，掌握一些演讲技巧也非常关键。

在演讲的过程中，我们不妨发表一些专业的行业见解，这非常有利于提升个人品牌的权威度。例如，乔布斯曾经利用他传奇的人生经历和事业上的成就，建立了举世闻名的个人品牌，无疑是打造个人品牌的巅峰代表。他的挑剔、苛求，曾经令他的合作伙伴厌烦，而随着时间的推移，他对美学的执着、对信念的坚守都成了他的标签。正是这种强烈的个人色彩，赋予了他独特的灵魂与气质，也使苹果成为一家非常有影响力的公司。

乔布斯的魅力在于他卓越的口才，为苹果的用户呈现了一个与众不同、个性鲜明的品牌形象以及美国新一代创新创始人的精神，并成功地用它们将苹果的用户凝聚起来。

苹果首席执行官蒂姆·库克站在乔布斯曾经的演讲台上评价乔布斯道："他惊人而伟大的天赋，以及对人类价值独特的欣赏与发掘，不只是一件产品而已，这成就了苹果本身。"

乔布斯是如何通过演讲成就个人品牌，并让每个人都感受到苹果的价值所在的呢？黑羊公司的创始人杰夫·布莱克认为，乔布斯的演讲成功之处在于触动人心的故事、情感共鸣和完美的准备。

1. 触动人心的故事

权威的演讲并不能只依靠幻灯片和一些生硬的理论，相反要生动地述说自己对于行业的见解。布莱克表示："演讲台上的乔布斯简直是一个大师级的讲述者，在他身上完全看不到生硬地照搬PPT的影子。他才是全场的明星，而不是PPT。"

尽管幻灯片对演讲者很重要，但它绝不是提词器。而应像乔布斯一样，在幻灯片上只放一些图片或几个词语，让它仅发挥提示演讲进度和启发灵感的作用。另外，演讲的信息点应该少而精炼，不能像说明书一样，把那些繁杂的数据或图表都展示出来，因为观众根本记不住这些，他们只能记住那个震撼人心的小故事。

2. 情感共鸣

情感的互动可以帮助演讲信息更好地传播，因此，最好保证你演讲的每一个要点都能引起观众的共鸣，而非单方面灌输某种价值观。例如，乔布斯重新回到苹果公司时，曾真诚地向所有人表示感谢。他说："能够再次回到苹果对我来说是件幸事，我将热爱在此的每一天。我要和我们那些才华横溢的团队一起工作，能够与你们一同拿出很棒的产品实在是太棒了，我真心感谢你们每一个人。"这句话中还隐含着对公司发展的欣慰，肯定了公司员工们的付出，从情感上激起员工对公司的热爱，从而和员工产生情感共鸣。

3. 完美的准备

一场完美的演讲，最重要的不是传达的内容，而是传达的方式。乔布斯在演讲前会做好完美的准备，不断调整演讲方式，以便最大限度地利用演讲提升自己的个人影响力。《成为乔布斯》的作者之一布兰特·施兰德表示："我曾到场观察过乔布斯的排练，他来来回回踱步于不同的舞台之间，仔细考量灯光及现场色彩的影响，观察着幻灯片放映的效果，以方便下一次调整。"

第5章

调动需求：客户需要一个下单的理由

客户有需求，才会去寻找解决方案。当客户的需求足够强烈，且产品能够击中客户内心真正的痛点，客户才会下单。因此，激发和调动客户的需求是销售人员的必备技能。

5.1 人都需要一个理由让自己被说服

能够提供对方需要的东西是展开对话的前提。在销售时，如果客户没有需求或者销售人员对客户没有任何用处，客户不会浪费时间与销售人员交谈。因此，为客户提供一个交谈的理由很重要，它既是客户与销售人员展开谈话的契机，也是最后成交的突破口。

5.1.1 “打印机”实验：理由的重要性

有人做过这样一个实验：一群人在排队使用打印机，这时一个人对第一个人说：“不好意思，我要打印2页纸，可以先用打印机吗？”结果仅有40%的人同意他先使用。于是这个人换了一种说法：“不好意思，我要打印2页纸，因为时间来不及了，可以先用打印机吗？”结果这次有94%的人同意了。

因为这个人在第二次对话中加入了“因为”这个词。乍一看，上述实验中的两种请求方式最大的不同就是第二次插队请求中包含了额外信息“因为时间来不及了”。于是实验人员又尝试了第三种请求方式，结果证明即使去掉额外信息，只保留“不好意思，因为我要打印

2页纸，可以先用打印机吗”，还是会有93%的人同意对方插队。

这种请求方式仅增加了“因为”这个词，它没有包含一个真正合理的理由、没有增加新的信息，只是在重复一个事实，甚至这个事实毫无道理，但它依然让许多人被说服了。这是因为，“因为”这个词之后总是跟随着各种理由。

由此可见，当我们想要说服他人时，给对方一个理由很重要，即使这个理由毫无逻辑，它也能提高对方的接受程度。当销售人员在向客户推销产品的过程中遇到困难时，就可以多运用理由的力量。例如，把“我们在降价，您需要购买产品”改为“因为降价了，您需要购买产品”，或许能收获意想不到的效果。

5.1.2 激起客户对产品的渴望

现代营销学之父菲利普·科特勒曾言：“营销就是发现还没有被满足的需求并满足它。”客户对产品有需求，才可能对你的产品产生购买欲。如果销售人员根本不清楚客户的需求，那么想要成功打开市场就是痴人说梦。对于销售人员来说，客户最大的弱点就是其存在消费需求。销售人员应设身处地站在客户的角度为客户着想，激起客户对产品的需求与渴望。

销售人员可以通过观察看出一个人的需求，如客户希望你提供什么样的服务、客户对什么样的产品感兴趣等，拉近与客户的距离。

迪恩（Dene）是美国一家公司的销售经理，有一次他带领一位新来的销售人员拜访客户，为了锻炼新人，迪恩把所有的谈话重点都教给这位新人，由新人来主导这次谈话、展示产品、把控交易细节。一个小时之后，这位新人还没有说服客户，迪恩不得不加入谈话。他对客户说："我在报纸上看到现在的年轻人大多喜欢参加野外活动，每一次露宿荒野都用贵厂生产的帐篷，不知道是不是真事。"

客户听到迪恩提到了他们的公司，马上表现出了兴趣，并非常得意地说："是的，目前我们的产品非常畅销，是年轻人野外游玩的必备品，因为我们的产品质量一流，绝对结实耐用。"迪恩与这位客户谈得热火朝天，20分钟后迪恩顺利把话题引入了自己公司的产品，与客户交流了半个多小时后，成功签下订单。

激起客户对产品的需求和渴望有很多技巧，有时客户的拒绝并不代表他真的不需要，只是因为他对产品的需求没有被你激发出来。如果销售人员能够把客户对产品的需求激发出来，那么成交订单就会是一件非常容易的事。

5.2 客户凭什么选择你

19世纪50年代初，美国人罗瑟·瑞夫斯提出USP理论（Unique Selling Proposition，独特销售理论），这一理论要求销售人员要向客户传授独特的销售主张，即销售人员要向客户陈述产品的卖点，且这个卖点必须是独特的、能够带来销量的。独特销售理论包含以下几个方面，如图5-1所示。

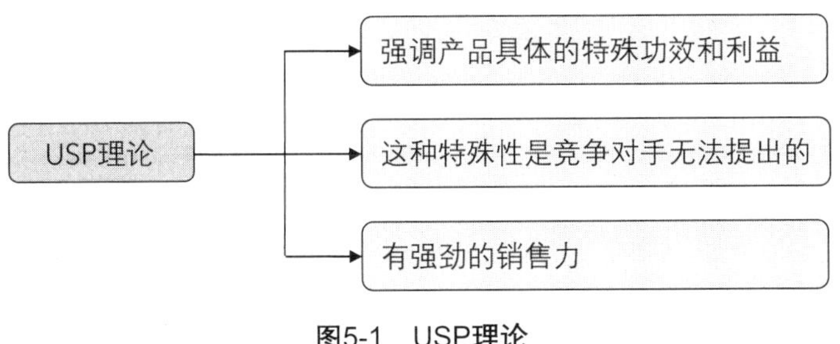

图5-1 USP理论

客户选择你的原因是什么？这个问题的答案，销售人员在开始销售工作之前就应当考虑清楚，并花费时间去创造属于自己的销售特色，在同行业众多竞争者中脱颖而出。

5.2.1 增强客户的安全感

安全感是一种个人感受、一种心理体验，它来自一方对另一方的感觉。如果你的言谈举止等方面让人放心，使人感到舒服，可以给人依靠，那对方就会有安全感。

因为客户没有安全感，所以不敢轻易下单。销售人员要想做好自己的工作，提升自己的业绩，就要学会抓住客户对安全感的需求心理，通过各种努力带给客户充足的安全感。

老客户不会缺乏安全感，因为他对产品已经足够熟悉，而时间也已经向他证明销售人员是值得信赖的。但是对于为数众多且十分关键的潜在客户，销售人员需要通过掌握一定的方法来增强客户的安全感。

第一，销售人员要注重自己的外在形象。

销售人员在与客户就产品问题进行沟通时，需要格外注重个人的衣着打扮。发型要整齐、着装要得体、衣物需整洁，这样会给客户留下一个好印象。销售人员的外在形象是留给客户的第一印象，好的外在形象可以有效博取客户的好感。

第二，凭借自身的专业能力让客户放心，给予客户安全感。

销售人员经常会遇到这种情况：在推销产品的过程中，客户一直询问产品相关问题，但最后却不肯下单。客户既然愿意花时间去了解，就说明他是有一定的购买欲望的，而最后没有下单的原因是他们对销售人员以及所售产品的不安全感还没有消失。需要注意的是，大单销售的客户对产品会更加挑剔，不安全感会更严重。

专业保证质量。销售人员对产品越熟悉，对行业分析得越透彻，信誉和能力就越能得到客户的认可。因此，销售人员需要用自身过硬的专业知识来给予客户安全感，促成交易。

第三，让客户亲身体验产品的性能。

体验式营销是一种新型的营销方式，即让客户亲自使用、触摸、感受产品或体验产品的服务，以了解产品的功效、性能，从而让客户对产品放心，根据较好的真实体验做出购买决策。让客户亲身体验产品的性能就是体验式营销，通过亲身体验，客户可以充分了解产品的功能以及使用方法，增加客户购买产品的安全感，大大降低客户做出购买决定后后悔的可能性。

第四，坦诚告知客户产品的劣势。

凡事都有两面性，所有产品都不可避免地存在缺点。销售人员有时会刻意掩盖产品的缺点，在客户询问产品缺点时闪烁其词，不敢正面回答。事实上，这种做法非常不可取，因为客户拥有全面了解产品的权利。

销售人员必须坦诚、客观地向客户讲解产品的优缺点，以客户的体验为重，让客户感受到你的真诚，这样才是比较高明的销售方法。

5.2.2 情感投射：有文化，有情怀

情感效应（Emotional Effects）是指一个人现有的情绪会影响到正在接触的另一个人。情绪可以传染给他人，销售人员的情绪状态在交流中起着非常关键的作用。第一次见面时销售人员传递出的情感是否正向，对于第一印象的形成非常重要。

除了销售人员传递的情感之外，产品本身的情感投射对于最终能否成交也很重要。美国认知心理学家唐纳德·诺曼（Donald Norman）认为：产品必须具备好的功能，让客户易学易用，如果能给人愉悦的感觉就更好了。一个产品如果能满足客户的情感需求，给他们愉悦的审美体验，那就实现了其根本价值。销售人员应该摆脱“功能控”说服思维，更关注客户的情感需求。

现代社会越来越注重情感消费，通过满足客户的情感需要，引起客户心灵上的共鸣，从而吸引客户下单。而客户在选择商品时，不仅看重商品数量多少、质量好坏，还希望获得一种情感上的满足、一种

心理上的认同。客户购买某品牌产品，经常是因为“它令我开心”“给人的感觉很特别”“它有与众不同的意义”。

目前的市场调研显示，在购买产品时因为情感因素选择某品牌的客户占到了总量的30%。

美好的事物背后往往蕴含着人文赋予它的一份情感，有了真情的贯注，语言或产品就有了永不枯竭的活力，可以抵御岁月的磨损而历久弥新。人们买一个蛋糕，其实是想要一份甜蜜的祝福；看一场电影，其实是想要一份记忆与感悟；品一杯咖啡，其实是想要一份悠闲；买一份礼物，其实更注重的是情谊。优秀的销售人员应学会给产品附加情感价值来打动客户，用细水长流的感情培育客户的忠诚度。

对于大单销售来说，人情味更是销售人员强有力的武器。客户首先需要认可并喜爱销售人员提供的产品以及服务，才能放心地将重要的订单交给其负责。

5.2.3 价格优惠：用最少的钱买最好的东西

没人不喜欢物美价廉的产品，人们普遍想用最少的钱买最好的东西。作为销售人员，我们要抓住客户的这种心理，巧用利益引导客户下单。

当客户认为产品的价格较高时，往往希望销售人员给出一定的优惠，但如果销售人员答应得太痛快，客户反而会思考你的产品是否值得。因此，销售人员在与客户交流时，不应先说价格，而应将产品的性能、质量、材料、规格等卖点讲清楚，让客户建立对所售产品的全面认识。当产品的品质获得了客户的认同后，再给予客户适当的优惠，通过这样一个有条不紊、循序渐进的流程，给予客户良好的消费体验。

美国营销学教授诺埃尔·卡彭（Noel Capon）有一个关于报价方式的实验：一家商店内德国黑啤一瓶的报价为2.5美元时，一天卖出了16件；而价格为30美元1扎的德国啤酒，一天只卖出了7件。因为多数人在下单时不习惯将整件报价换算成单价，在看到整件的价格时往往会望而却步。这也是大单销售人员可以借鉴学习的一种报价心理，在向客户报价时尽量使用产品单价乘以数量，而不是直接报出全价。“这批机器总价三千万元”与“这批机器每台三十万元，一共一百台”这两种说法虽然总价一样，但给人的感受是不同的。

当客户嫌价格高时，将报价的零头抹去让利给对方，客户会很欢喜地接受。给客户的利益诱惑有很多种，以下列举几个最受客户青睐的方式。

（1）折扣策略：折价、加量不加价、外在捆扎式商品打折。折扣对于消费者来说是最大的利益诱惑，但如果活动折扣运用不当，就会出现“杀敌一千，自损八百”的惨痛后果。销售人员只有根据不同受众的消费习惯、消费心理采取不同的打折促销形式，才能把这个策略运用好。

（2）附送赠品策略：包装内、包装外、包装上。如果品牌知名度比较低，哪怕你的价格很低，客户也不一定敢购买。所以作为同质性较强的产品，当知名度不太高时应着重塑造品牌，而不是寄希望于通过打折带来销量。若品牌知名度比较高，则可以通过打折的方式吸引更多客户。

（3）现金回赠策略：客户购买产品以后，在一定的时间内会得到一定金额的退款。现金回赠策略可以在客户购买商品一段时间后实施，这样不容易使客户认为是商品降价了，而会更多地使客户认为这是一种馈赠。“现金回赠”是在不会降低产品档次、对产品形象也无较大影响的情况下给予客户返利，增强合作关系。

5.3 如何挖掘客户真实需求

与销售小订单相比，销售大订单更需要挖掘和了解客户的真实需求。因为大订单的金额大、决策周期长、销售流程复杂，客户考量的因素会更多，此时如果产品不能从根本上打动客户，充分满足客户的真实需求，那就很难实现成交。

5.3.1 引导话题，让客户说

作为销售人员，虽然可以通过数据分析、前期准备等方式预判客户的需求，但客户与客户之间存在差异，不同的客户面对同样规格的订单也会产生不同的需求。销售人员只能预判某一类客户的普遍性需求，无法得知具体客户的真实需求。想要知晓客户的真实需求，最好的办法就是让客户自己说出来。

销售人员可以采用引导式提问的方法引导客户说出真实需求。在这方面，销售人员可以学习哲学大师苏格拉底的对话方式。

柏拉图在《对话录》中记载，自己的老师苏格拉底从不向学生直接传授经验，也不会直接回答学生提出的问题，而是根据对方的疑惑不断地提出问题，让对方根据问题进行思考，帮助对方厘清思路，使其受到启发，最终认识到自己的谬误，找出真相。

苏格拉底采用的这种问答方式被公认为“最聪明的劝诱法”，通过这种方式，苏格拉底的学生们能够自然而然地认识到自己的错误，接受苏格拉底的规劝。学生们通过这种方式得出的结论往往是由自己一步步推导得出，因而能够坦然接受。从苏格拉底的提问法中，销售人员可以总结归纳出以下几个提问的要点。

首先，销售人员要明确引导方向。在向客户提问之前，销售人员心里要有一个预期的答案，即客户最终会认为自己所售产品极具价值。提问与回答是一个双向交流的过程，如果销售人员想向客户推销金融服务，就要引导他说出自己目前在财务方面的困难与需要，而不是与他谈论天气好坏。如果问题的目标指向不明确，销售人员在提问与回答的过程中很可能被对方的思路干扰，偏离自己预期的引导方向。

其次，销售人员应注意多从客户的角度提问。选择用提问的方式说服客户，是因为相比于传统推销方法，这种方法得出的结论是由客户自己得出的，更容易让客户接受。那么销售人员提问的时候也要让客户觉得销售人员是在真心为他们着想，这样他们会更愿意回答销售人员提出的问题，也更容易跟随销售人员的思路进行思维发散。

最后，销售人员在提问的时候要多注意引导性语言的应用。通过提问从侧面挖掘出对方的真实需求，从而选择更合适的说服方式。例如，当一位女士选购电脑，普通的售货员会问：“您需要什么样的电脑？”聪明的售货员会说：“您买这台电脑是给谁用呢？”如此一来，销售人员不仅可以用提问引导客户展开话题，也可以通过提问侧面了解客户的需求，而不会使对方感到被冒犯。

5.3.2 用倾听摸清客户的“底牌”

一位年轻的女孩和一位老先生来到一家主营高端装修的公司，销售人员已经做好了讲解的准备，可是这位老先生并不理会销售人员，只是和女孩聊着天。销售人员仔细聆听两人的聊天，得到了以下信息：这是一对父女；老先生是房屋的使用者和装修方案的决策者，女儿只是充当参谋的角色；老先生的爱人刚过世不久，新买的一套房子需要装修；老先生希望还按之前的房子那样装修，女儿不同意。

销售人员将这些信息进行排列组合，开始了自己的推销。由于老先生爱搭不理、积极性不高，销售人员决定先从女儿入手。销售人员详细询问了女儿的装修思路，并向老先生夸赞他有一位孝顺的女儿，借机拉近了与老先生的关系。

其后销售人员向老先生详细讲解了几种符合他们需求的装修方案，本来无意购买的老先生在女儿的坚持和销售人员的建议下，选定了其中一种装修方案。

因此，当客户在与同行者交谈或在与销售人员的沟通中掌握话语权时，销售人员可以通过有效倾听摸清客户的“底牌”。

对于销售人员来说，有效倾听在实际沟通过程中有以下作用。

第一，获得客户信息。管理学大师汤姆·彼得斯和南希·奥斯汀在《追求卓越的激情》一书中提到，有效倾听可以使销售人员直接从客户口中获得重要信息。众所周知，在传递信息的过程中总会有或多或少的信息损耗和失真，经历的环节越多、传递的渠道越复杂，信息的损耗和失真程度就越大。而销售人员从客户口中直接获取的信息经历的环节少、信息传递的渠道简单，因此信息就更充分、更准确。

第二，体现对客户的尊重和关心。当销售人员认真倾听客户谈话时，客户可以畅所欲言地提出自己的意见和要求，这除了可以满足他们表达内心想法的需求外，也可以让他们在倾诉和被倾听中获得关爱和自信。客户希望得到销售人员的关心与尊重，而销售人员的认真倾听则可以使他们的这一希望得以实现。通过有效的倾听，销售人员可以向客户表明自己十分重视他们的需求，并且正在努力满足他们的需求。

第三，创造和寻找成交时机。销售人员的倾听是为达成交易服务，在倾听的过程中，销售人员可以通过客户传达出的相关信息判断客户的真正需求和关注的重点问题，然后可以针对这些需求和问题寻找解决的办法，最终令客户满意，实现成交。如果销售人员对客户提出的相关信息置之不理或者理解不到位，自然不可能利用有效信息抓住成交的最佳时机。

不过由于种种原因，有些客户往往不愿意主动透露相关信息，如果仅靠销售人员一个人唱“独角戏”，这种缺少互动的沟通就是无效沟通。为了避免冷场并使整个沟通实现良好的互动，更为了销售目标的顺利实现，销售人员可以通过适当的提问来引导客户敞开心扉。

5.3.3 通过语态判断客户的性格

语态包括人们说话时的语言风格、态度、节奏感等，销售人员可以通过客户的语态推断出客户的性格特征，从而更有针对性地为客户提供服务。

任何产品或服务的采购，最终的实施者仍然是人，不同的人处事风格、感情色彩和性格特征也不同，有些客户比较容易相处，而有些客户并不容易相处。同样的沟通方法对A客户有效，却使B客户极大反感，这其实就是人的不同性格特征所导致的。

根据现实生活中大多数客户的语态，可将客户分为以下三种。

1. 尊重他人、有礼貌的客户

如果销售人员面对的客户很有礼貌，对销售人员很尊重，说明客户的素质很高。此类客户可能具有较高的学识和文化素养，对于自己的需求会有比较明确的认知。销售人员在为此类客户服务时，也要表现出同样的尊重、礼貌，尽力和客户进行深入心灵的沟通，充分发挥客户的主观能动性，使其主导销售过程。

2. 语言简洁、语速较快的客户

此类客户一般性格豪爽、不拘小节、为人坦荡、行事果断、追求高效。销售人员在面对此类客户时，不要“兜圈子”，要和客户进行直接、高效的沟通，提供最有效的服务，直击用户的真实需求。

3. 话语啰唆、语速较慢的客户

此类客户一般是“慢性子”，性格软弱，且犹犹豫豫，有较多顾虑。针对此类用户，销售人员需要抽丝剥茧地将产品的最核心性能讲述出来，且需要注意细节，避免因为鸡毛蒜皮的小事引发客户的不满。

歌德曾言：“才能自然形成，性格则涉人世之风波而塑成。”不同的人有不同的经历，因此形成不同的性格。销售人员须注意且尊重百人百性，通过客户的语态把握客户的性格特征，从而更好地为客户服务，避免在销售过程中发生不愉快。

第6章

介绍产品：如何在有限时间内说服客户

介绍产品是销售过程中非常重要的一个环节，它直接影响着客户的成交意愿。如果客户在初次接触一件产品时没有很大的兴趣，就很难把它当作成交的第一选择。

6.1 把精华浓缩在5分钟之内

一个人对谈话对象做出判断的时间是8秒，认真听对方讲话的时间是5分钟，也就是说，如果销售人员不能在5分钟之内让客户对产品产生兴趣，后续成交的概率就很低了。

6.1.1 说客户听得懂的话

沟通的目的在于双方通过陈述、交换观点，达成一致的结论。如果有一方在沟通中只讲自己听得懂的话，就很难沟通下去。例如，销售人员在与客户沟通的过程中使用了一些专业术语，客户听得一头雾水，双方之间的交易就很难达成。

虽然在对话中使用一些专业术语能凸显销售人员专业知识丰富，但专业术语的使用要建立在客户听得懂的前提下。有些客户并非专业人士，他们只是想要一个专业的解决方案。例如，购买大型机械设备的客户只是想通过设备提高生产效率，他们对设备的功能更感兴趣，而对设备制造过程中的具体参数和工艺没有很大的兴趣。

小王是一家外贸公司的销售人员，他能说会道，却业绩平平。小王观察发现，每当自己给客户介绍产品时，客户就兴致缺缺。经过小王的反思和同事的提点，小王找到了订单成交率低的原因：他在介绍产品时，特别喜欢使用一些客户听不懂的专业名词。

虽然小王讲的都是正确的，但客户并非专业人士，听不懂小王表达的内容，出于谨慎不会当场与小王成交。如果有其他公司的销售人员能为客户讲清产品或有更大的优惠，客户就很容易与其他销售人员成交。

在上述案例中，小王介绍产品时使用了很多专业名词，看似专业，却无法调动客户的兴趣。再加上客户缺乏专业知识，听不懂专业术语，很容易认为小王是在糊弄他，因此会对成交更加谨慎。

销售人员在向客户介绍产品时，首要原则就是能让客户听明白，这也是双方展开交流的前提。面对非专业客户就要进行通俗易懂的产品讲解，面对有一定专业基础的客户则可适当使用专业术语，针对不同水平的客户合理展示自己的专业水准，能让客户更加信赖销售人员。

如果销售人员希望产品能够最大程度地满足客户的心理需求，所说的话能够被客户认可，就要学会一些销售表达技巧，例如语言风格幽默诙谐，能够进行有效沟通，沟通时条理清晰，能够采用对比的方法，烘托产品的优势。

销售表达技巧的学习和积累是销售人员的终身课程。销售表达技巧能够让销售人员更快地与客户开始有效沟通，理解客户内心的想法，从而有针对性地布局销售战略。

6.1.2 谨记基础目标，突出卖点

产品的卖点是一件产品的核心优势，也是产品最大的闪光点。不管销售什么产品，销售人员都要向客户强调产品的卖点。例如产品的价格低，那么销售人员在介绍产品时可以说“我们的产品拥有全行业最低价”“您去其他公司再也遇不到这么大的优惠”等，始终向客户灌输“价格低”“便宜”等信息。也许产品还有其他特点，但价格低一定是销售人员要突出表达的特点，让客户形成“买低价产品首选这家”的认知。

产品若想在激烈的市场竞争中取得出色的成绩，就必须找到独特卖点，独特卖点是产品相比同类产品的亮点和最大优势，也是其核心竞争力。销售人员可以按以下4个步骤提炼产品的独特卖点：了解产品的属性、研究竞争对手、梳理7维问题、利用清单自检。

首先是了解产品的属性。通俗来说，了解产品属性就是明白产品能为客户解决什么问题。销售人员可以从产品的外观、生产时间、材料、材质、工艺、功能、适用人群、情怀、效果、价格等方面入手。

其次是研究竞争对手。所谓“知己知彼，百战不殆”。除了要提炼自家产品的独特卖点，销售人员还要对同类产品的独特卖点了如指掌，研究彼此之间是否存在同质化。例如，麦当劳在法国新开了许多公路售卖站点“McDrive”，通过市场调查，麦当劳发现目前在这一领域做得最好的公司是汉堡王。就公路售卖站点来说，汉堡王的独特卖点是产品口味和质量好，而麦当劳的独特卖点是门店数量多。为了凸显门店数量的优势，麦当劳精心策划了一个广告。

在这个广告中，公路旁边有两个户外广告牌，一个写着“McDrive

（麦当劳）5KM”，如图6-1所示；另一个写着“BURGER KING（汉堡王）258KM”，如图6-2所示。麦当劳通过门店距离上鲜明的对比，让过往的人们知道：要去吃汉堡王，最近也需要驾驶258千米，而如果去吃麦当劳的话，只需要驾驶5千米。在这个案例中，麦当劳通过与竞争对手的对比，突出了自己的独特卖点。

图6-1　麦当劳的广告牌

图6-2　麦当劳为对手汉堡王制作的广告牌

再次是梳理7维问题。这一步骤的主要作用是通过7个问题来确定产品的独特卖点，具体包括以下7个问题。

（1）产品有哪些值得关注的细节？

（2）产品可以解决哪些问题？为什么能解决这些问题？

（3）产品有什么显著的特点和优势？

（4）产品弥补了其他同类产品的哪些缺点？

（5）产品的好体现在哪些设计和生产的细节上？

（6）产品的好体现在哪些实际发生的结果或者客户行为上？

（7）到目前为止，产品获得了哪些信任背书？

认真梳理上述7个问题以后，销售人员可以对自己的产品有更加深刻的认识，从而使提炼的卖点更加科学、合理、与众不同。

最后是利用清单自检。一般来说，卖点确定好以后，还要利用清单来自检。自检的内容包括有没有辨识度、竞争力够不够大、具不具备唯一性3项。如果卖点既有辨识度、竞争力也够大，又具备唯一性，那说明卖点提炼得非常成功。

6.1.3 FAB利益销售法：找到客户的利益点

FAB是一种销售过程中介绍产品的方法，它由3个英文单词首字母组成，分别为Feature（属性）、Advantage（作用）和Benefit（好处）。

1. F（Feature，属性）

产品的属性是指产品的基本特点，如材料、内容、数据等。例如，这款汽车的油耗是6.6L/100km，这种保险的承保范围包含125种重大疾病，这款桌子的材质是红木等。一个产品可能具有非常多的属性，但客户并不想听销售人员给自己念产品说明书，他们更想知道产品的突出价值在哪，因此，销售人员需要挑选1～2个突出特点，进行介绍。

2. A（Advantage，作用）

产品的作用也可以理解为产品的卖点，只有通过与同类产品对比体现出来的优势才能算是卖点。销售人员在介绍产品的时候要善用对比。例如，销售人员想突出软件系统响应速度快，可以说："其他品牌系统的响应时间是0.1秒，而我们的是0.08秒，快到用户几乎无法察觉。"

3. B（Benefit，好处）

产品的好处就是产品最终带给客户的利益，利益要和客户的具体需求相关。销售人员要提前尽可能多了解一些客户信息，如家庭情况、财务情况等，在阐述利益点的时候，把这些信息代入进去。这样可以让客户更有体验感，不会觉得销售人员在用套话敷衍自己。

当然，不同客户关注的利益点是不同的。在销售初期，销售人员很难准确掌握客户的需求，对此销售人员可以针对大多数客户关注的点进行产品介绍。如果在沟通中销售人员发现了客户的痛点，就可以"对症下药"，直接向客户展示产品能够解决客户痛点的价值。

小林有一次代表公司与一位大客户谈判，这位大客户要求十分苛刻，已经拒绝过多家公司了。小林仔细分析了双方的情况，想出一个策略，然后登门拜访那位客户。

小林没有急着介绍产品，而是把事先写好的10张卡片拿给客户，让客户从中随意抽出一张。客户抽出一张卡片，发现上面的内容正是自己对小林公司的疑虑。当客户把10张卡片逐个读完后，小林让客户把卡片翻过来再读一遍。客户发现每张卡片的背面都标明了小林对该疑虑的回复以及自己能获得的好处。

客户认真看完了卡片，对小林露出了满意的微笑，同意了小林的合作请求。

案例中的小林之所以能成功说服客户，是因为他将客户可能提出的问题和解决办法都罗列了出来，完美地展示了产品的作用，以及能为客户带来的好处。面对如此“爽快”的合作对象，客户很难不为之所动。

人们很容易受到求利心理的驱使，如果想说服特别强硬的人，我们就必须保证自己的想法能给对方带来足够大的利益，使之认为即使为此付出代价也是值得的。FAB利益销售法就很符合这一点，舍去无关紧要的赘述，直接言明产品的核心价值和能打动客户的利益，既简洁又高效。

6.1.4 结合实物说明产品

魏了翁曾言：“言贵于有物，无物，非言也。”就拿开会发言来说，一个人的讲话之所以能振奋人心、引起共鸣，关键在于演讲者的语言都找到了恰当的支点，在事实和逻辑层面无懈可击、有说服力。

著名教育家陶行知在武汉大学演讲时，曾做过一个惊人的举动。陶行知走上讲台，先微笑示意在场观众，然后出人意料地从包里抓出了一只鸡，只见他从口袋里抓出一把米放到桌子上，把鸡头硬按下去，逼它吃米，鸡一边乱叫一边拧头不肯吃；他又掰开鸡嘴，把米塞进去，鸡仍然不肯吃。这时，陶行知松开了手，把鸡放在桌子上，自己在一边观察，只见这只鸡自己开始吃起米来。

这时陶行知说："各位都看到了吧。你逼鸡吃米，它怎样都不肯吃。但如果让它自由自在，它就会主动吃米。教育就像喂鸡一样。强迫学生去学习，他是不情愿学的。但如果让他自主学习，那效果一定好得多。"

此话一出，台下掌声雷动。陶行知就用这样一个小道具，形象生动地让观众明白了自己的教育理念。

由此可见，我们在说服别人时可以用实物说理，因为视觉比听觉对人的冲击更强。例如，当销售人员向客户介绍产品时不妨把地点约在工厂，或带一个样品给客户，这样比单纯口述更有说服力。

使用实物介绍产品有很多优势，其最主要的优势是清晰。我们生活在视觉时代，短视频、直播的火爆足可以说明人们更容易接受视觉信息。而实物可以让客户更直观、更形象地了解产品。例如，销售人员想说自己的产品耐用、结实、不易腐蚀，可以把实物产品拿给客户，让他自己感受产品的用料和做工。

除此之外，如果是一位销售新手，在与客户谈判时感到紧张，使用实物介绍产品可以很好地缓解这种紧张感。实物产品可以使销售人员介绍产品时语言更精简，并在销售人员忘词时起到提示的作用，弥补销售人员因紧张而出现的疏漏。

6.2 讲好故事，增加说服力

大多数销售人员都会用讲道理的方式和客户谈判，他们习惯用知识和道理解答客户的疑惑。可事实上，客户对一些晦涩难懂的道理的接受程度远不如对故事的接受度高。这是因为故事把道理内化了，它能使客户站在旁观者的角度，更清晰地看待自己的需求和想法。

6.2.1 感性的事物更容易打动人心

销售是商业流程中非常重要的一环。一件再好的产品，若没有优秀销售团队进行销售，也只能放在仓库里等着发霉。而有些不是很完美的产品，则可能因为销售人员的专业素质而成为畅销品。之所以会产生这种差别，是因为销售人员能调动客户的情感，让客户在情感的驱使下购买产品。

小秦是一家广告公司的销售人员，最近在和一家老牌建材公司谈一单大合作，对方想要小秦的公司帮助自己做一个新的推广平台，提高曝光率。因为该公司属于传统行业，且没有推广方面的经验，所以负责人一直很谨慎，迟迟不肯与小秦签单。

小秦想了一个办法，他在最近一次与对方负责人闲聊时，给他讲了公司之前合作的一个案例。小秦说："去年我们与一家做工业气体的公司合作，老板不懂营销，干了几年也只有几个老客户。老板之前的推广效果很不好，就找到了我们。当时我给老板看了我们之前策划过的广告，他很满意，爽快地就跟我签单了。在合作后3个月内这家公司就接了好几个大单，赚了很多钱，老板还请我们团队的同事吃饭呢，后来他还帮我转介绍了几个客户。您跟他的情况差不多，相信我们团队一定可以帮助您。”

小秦没有直接催促客户下单，而是给客户讲了公司之前发生的实际案例。这个案例和客户有相同之处：公司背景相似，都属于传统行业，老板不懂营销，公司推广效果不好，而案例中的公司通过使用小秦公司的产品得到了正向的结果。听了这个案例之后，客户会想象自己也能得到一个好结果，从而从情感上偏向于和小秦合作。

虽然大订单多为团队决策，客户不太可能被情感驱使产生冲动购买的行为，但销售人员可以利用故事打动他们的关键决策人，让客户从情感上偏向自己，提高成交的概率。那么怎样调动客户的情感，让客户更偏向自己呢？

1. 使用身临其境式语句

和客户沟通的时候，多采用诸如“当您使用它的时候”这种能使客户产生一种身临其境的感觉的措辞，不要说“如果”“假如”等词语。“当……”这样的说法具有非常好的暗示效果，可以激发客户的感性思维，让客户不自觉地去想象购买这个产品之后所产生的好结果。例如，“当您使用这辆车的时候，您就会发现它大大提高了您的办事效率，我敢肯定您一定会非常喜欢它。”而如果销售人员使用“假如您有这样一辆车”这样的表达，会使客户的身临其境感没有那么强烈，不能充分体现产品的好处。

2. 通过重复加深客户的印象

在人的潜意识中，如果重复听到一些人、事、物，那么这些人、事、物就会在潜意识里变成事实，得到人们的认可。在销售过程中，销售人员如果能够对客户看重的产品特点进行反复说明，它将会在客户的头脑中留下清晰的印象，促使客户认同产品，从而下定购买的决心。

例如，客户不是专业人士，只希望设备简单好用。销售人员就可以着重向客户强调产品使用的便捷性，并在描述中加入“简单”“自动”“方便”等词语，通过重复加深客户的印象，让客户认同产品的这一特点。

6.2.2 会讲故事的销售，更能获得客户好感

在销售过程中，会讲故事的销售人员往往比不会讲故事的销售人员占有更大的优势。销售人员在销售过程中不能仅让客户通过自主看产品的相关资料来了解产品，这样的销售肯定是没效果的，因为客户不一定会仔细看资料，也不知道资料的重点所在。销售人员需要将产品融入故事中，生动、形象地讲给客户听。记住，很少有客户喜欢听长篇大论，销售人员要学会用简短的语言讲述引人入胜的故事。

例如，一位销售员这样说：“我近期在和一家做汽车焊接设备的制造商谈合作，该公司的研发经理希望降低设备运行的整体成本。之前该公司使用的是集中控制方式，即将变频器安装在控制柜上。他们使用了我们的产品，改变了变频器的控制方式，成本降低了很多。”

上述这个故事很简短，但是表述完整、重点突出，包含了一个好

故事应有的要素：客户的需求（希望降低设备运行的整体成本），己方产品的作用、价值（改变了变频器的控制方式），正向的结果（成本降低了很多）。

销售人员讲的故事要尽量简短，也要用心设计和准备。下面就来看看讲故事的六大步骤，如图6-3所示。

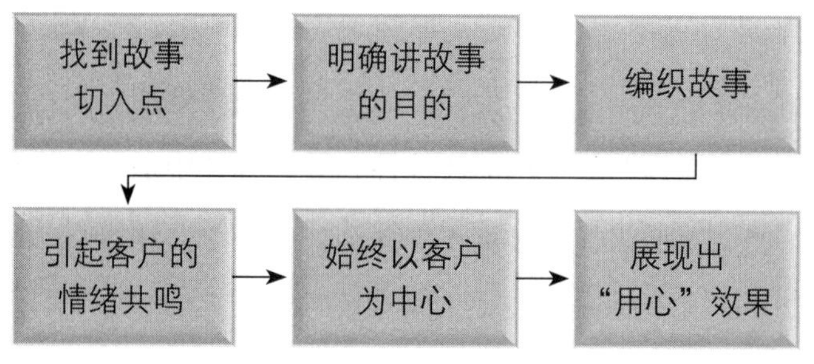

图6-3 讲故事的六大步骤

步骤一：找到故事切入点

找到故事切入点的前提是精准捕捉客户的需求，用故事包装产品进行感性描述。故事切入点一般分为三种：第一种是以理服人（如突出产品性能卓越、功能独特等），第二种是以利诱人（如突出产品价格低、促销力度大等），第三种是以情动人（销售人员与客户之间的情感互动）。

步骤二：明确讲故事的目的

讲故事的目的不同，故事在销售过程中发挥的作用也就不同。如果故事是为了突出产品的真实性和受欢迎程度，可以以老客户成交的案例作为故事，突出强调产品的销售量高、好评度高；如果故事是为了打动客户、激起客户的共鸣，销售人员可在故事中给产品赋予一定的情感价值，例如戴比尔斯公司的“钻石恒久远，一颗永流传”就给钻石赋予了象征永恒的爱的情感价值，销售人员利用该故事感动了无数追求真爱的男女，大幅提高了钻石的销量。

步骤三：编织故事

明确讲故事的目的后，如何编织一个吸引人的故事呢？

在编故事前，销售人员要搜集、整理、归纳素材，丰富故事储备。销售人员可以借助一些名人名言来讲故事，也可以通过图片、广告来讲故事，这些都是客户熟知的素材，说服力更强。此外，借鉴他人的故事有利于销售人员有意识地学习，并将各种素材迅速搜集、整理、归纳成自己的故事集。

在讲故事前，销售人员要想方设法地让客户讲出他的故事。通过倾听客户的故事可以了解客户的价值观、购买偏好、人生经历、兴趣爱好以及真正的决策关键人。客户如果愿意分享他的故事，并且分享的故事越隐私，说明他对销售人员的信任度越高。

步骤四：引起客户的情绪共鸣

好故事会经久流传的关键在于故事中蕴含着情感。故事很少直白地阐明道理或利益，而是通过事件起伏跌宕带动人们的情感起伏，从而使人们明白其中蕴含的道理。讲故事的关键在于锁定、创造、满足客户的情感需求，通过故事把客户带入有利于销售的情境中。因此，编织故事时应当抓住最有利于销售、对客户的购买决策最有冲击力的细节，而不是完整地讲述故事。

步骤五：始终以客户为中心

故事是讲给客户听的，所以在设计故事前，销售人员必须对客户进行分析，包括客户的特征、偏好、更容易接受的语言等。

另外，好故事应当与客户息息相关，故事愿景中应有客户的存在。对于客户来说，好故事可以让客户立刻想到自己，可以联想到自己拥有或使用产品后的场景。这种愿景应当比他当前的现实生活更加美好，这样的故事才有吸引力。

步骤六：展现出“用心”效果

一个好故事应当将客户的购买热情从99%推向100%。同样的故事，销售人员是否用心讲，最终的结果有很大差别。销售人员如何在讲故事的过程中展现出“用心”效果呢？

第一，与客户目光接触，对客户表示关注；第二，要随着故事情节的发展来改变表情，表明自己感情投入，突出故事的真实性；第三，用简明、直接的语言来讲故事，避免语焉不详，让客户理解错误；第四，注意客户的语言风格，并加以模仿、配合；第五，尽量为故事提供视觉材料，在语言中引入尽可能多的感官词，引发客户产生积极联想；第六，及时结束故事，根据客户的反应把握好讲故事的时间。

销售高手与普通销售人员的一个显著差异就是讲故事的能力。顶尖销售通常都是讲故事的高手。讲故事的能力是可以通过后天练习来提升的。作为普通销售人员，若想变成顶尖销售，从现在开始学习讲故事还来得及。

6.2.3 用故事传递专业感，增加客户信任

当客户咨询销售人员“你觉得我买这个好还是那个好”“你觉得我现在买划算，还是等半年再买合适”等问题时，客户是希望销售人员能给出专业意见。如果销售人员给出的回复是“全凭您个人喜好”

的话，客户得不到相应的建议，也会认为销售人员不够专业。

对此，销售人员可以用讲故事的方式给客户提供专业意见。

小刘向一家传统企业销售办公软件，客户对这方面不了解，在选择软件版本上犯了难。客户向小刘咨询自己应该选择初级版本还是高级版本。小刘回答："初级版本虽然功能简单但容易操作，高级版本适用的场景多但操作复杂。您公司属于传统行业，信息化程度不高，建议先选择初级版本，待适应了之后，再购买我们的升级服务。这样比较划算，公司员工也能逐渐适应，很多像您这样的公司都是这样操作的，效果非常好。"

客户听了小刘的话，认为小刘的建议分析了他们公司的具体情况，而且有其他公司的成功案例，非常值得采纳，于是按照小刘的建议签订了合约。

因为信息不对称、专业领域不同，大部分客户在成交时都会犹豫，而且金额越高，客户越谨慎。因此，销售人员想要赢得客户就要让客户相信自己绝对专业，可以帮助客户解决问题。

充分了解自己的产品是专业销售人员应具备的基本素质。除了熟悉本公司的产品，销售人员还需要了解其他公司的竞品，详细比较产品之间的区别，突出自己产品的优势。

销售人员可在故事中将自己的产品与竞争公司的产品作为矛盾的对立面，通过两种产品的对比突出自己产品的显著优势。同时，对自己产品及竞品的精准分析，也可体现销售人员的专业度。但是需要注意，在突出自家产品优势的时候，不能一味地说其他公司产品的劣势，否则会给客户一种刻意贬低竞争对手的感觉。

6.3 如何处理客户的异议

在与客户的交谈过程中，客户可能会对产品或服务提出异议。这些异议的实质是客户对于产品或服务的不满。这些异议有可能是真的，也有可能是假的。作为一名优秀的销售人员，即使我们知道客户是在找借口、敷衍，我们也要耐心、真诚地询问原因，力求找到解决异议的方法，使客户转变态度。

6.3.1 妥善处理与客户的摩擦

销售人员与形形色色的客户打交道，难免发生摩擦。销售人员处理摩擦的方式，决定了他能否与客户妥善相处，赢得客户的好感。

销售专家认为，销售是被拒绝之后才开始的。这并不难理解，销售人员与客户进行洽谈时，客户看上去似乎很平静，但可能心里已经想好各种理由拒绝或反对销售人员。销售人员在面对与客户之间的摩擦时，须正确对待、恰当处理。那么销售人员在工作中可以采取哪些方法妥善处理与客户之间的摩擦呢？

1. 正确对待客户批评

（1）谨遵“客户永远是对的”这一至理名言，必要时礼貌妥协。销售人员一定要认识到客户的批评是帮助自己找到工作中的不足，必须从思想上正确看待客户的批评。

（2）在客户提出批评的过程中，销售人员应该让客户敞开胸怀尽情“倾诉”，而不能中途打断客户的话，否则客户会认为你在狡辩，从而产生更大的怒气。

（3）当客户批评完之后，销售人员再阐明自己的立场。

2. 真诚向客户道歉

当与客户出现摩擦时，销售人员应当就实际情况进行真实解释，真诚地向客户表达歉意。销售人员需要明白当自己及时主动承担过失时，能够有效降低客户怒气值。

3. 提出解决问题的方法

在销售过程中，可能会与客户产生摩擦，摩擦的本质是双方没有达成一致意见。因此，销售人员在稳定好客户情绪后，要及时找到矛盾点，向客户提出解决建议，平息客户的不满，或者制定一个客户能够接受的补偿办法。

总之，销售人员要尽一切努力，及时处理摩擦，提出有效的解决摩擦的方法，从而让客户满意，并愿意继续进行销售流程。

6.3.2 客户说没有需要怎么办

客户通常对陌生的销售人员怀有戒备心，潜意识里认为不能被轻易说服或表现出需求，因此，无论自己是不是真的没有需求，客户都会先表明自己没有需求。面对这种情况，销售人员可以用以下说法进行类推。

销售人员：“李小姐，在我还没有给客户看这份资料前，大多数

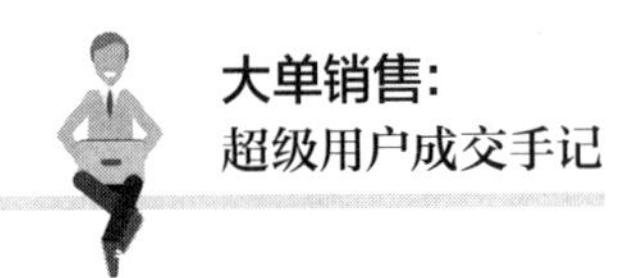

的人都和你一样认为自己没有需要，能否容我再向您讲解一下关于这笔订单的详细内容？”

客户：“你来推销原料的吗？目前没需求。”

销售人员：“请李小姐再给我一点点时间，让我说得更清楚些。我们公司最近的折扣力度真的很大，买了不会吃亏的。”

面对这类客户时，销售人员需要巧妙地争取交谈的机会。客户对产品不满意的原因有很多，但最为常见的原因是产品不能满足客户的需求。因此，销售人员可以先了解客户的需求，再根据其需求向客户针对性地介绍产品的优点，唤起客户的购买渴望。

如果销售人员多次确认需求，试图促使成交，客户都兴致缺缺，那么可能客户真的没有需求。此时销售人员需要主动离开，另选时间再次拜访。

第7章

推进项目：如何让客户不再拖延

美国前国务卿鲍威尔曾言："拖延一项决定比不做决定或做错误的决定，让美国损失更大。现在咱们讨论的不就是一项决定吗？"优秀的销售人员，懂得主动出击打破凝滞的局面，让客户在销售过程中不拖延签单。

7.1 客户为什么拖延签单

在实际工作中，销售人员可能会遇到这种情况：当销售人员向客户介绍清楚产品的优点且客户已经明确表现出购买欲望时，客户还是会犹豫，想要再考虑一下。当客户拖延签单时，无非出于两种考虑：价格较高超出预算，想要货比三家。下面将分别讲述打消客户的这两种顾虑的方法。

7.1.1 客户对价格不满意

出于对产品性价比的考虑，部分客户在产品价格较高时会产生犹豫不决的心理。要想让这部分客户下单，销售人员可以通过以下方法打消客户对于产品价格的顾虑，使客户认识到销售人员所推销的产品物超所值，不再犹豫、快速下单。

1. 对比法

产品价格较高的原因可能是产品的市场价格本就很高。在大单销售中，即使产品的价格较高，但与同类产品相比，销售人员给出的价格依然是较低的。在这种情况下，销售人员可以通过向客户展示同类产品的价格表明自己所推销产品的价格优势。销售人员通过直观的价格对比，让客户明确自己所推荐产品的价格优势，从而有效压制客户的“嫌贵”心理，刺激客户快速下单。

2. 强调性价比

当销售人员所推销的产品在同类产品中没有价格优势时，销售人员要强调产品的性价比。销售人员可以从产品的质量入手，反复向客户强调自己所推销的产品比同类产品的品质更好、性价比更高。

客户都想要购买性价比更高的产品，在产品价格相差不大的情况下，如果销售人员所推销的产品质量更好，其竞争力自然也会更强。销售人员通过反复强调产品的高品质及性价比优势，能够让客户打消对产品价格的顾虑，促成交易。

3. 拆分法

当客户认为产品价格较高时，销售人员也可以将产品价格高的原因一一剖析出来，对企业制造产品所需的创意、人力、物力等各个方面进行分析，使客户了解产品的制作难度和独特价值。例如，销售人员向客户推销机械设备时，向客户强调设备图纸为本企业自己绘制、拥有专利等特点，让客户充分认识到产品价值之后，客户就会认为产品的价格是合理的，也就会欣然下单了。

7.1.2 货比三家，还有其他选择

在销售过程中，有些销售人员会贬低、攻击竞争对手，甚至把竞争对手说得一无是处；有些销售人员对客户的货比三家行为产生很大的抵触情绪，甚至说出攻击性的话语。

这是极其缺乏理性的行为。在现实生活中，我们无法保证所有人都与自己站在同一阵线上。当销售人员说出攻击性的话时，意味着销售人员没有以客户为中心，而是带有强烈的主观情感色彩，站在自己的角度思考问题。对于客户来说，货比三家无可厚非，且是很合理的行为。客户会因为销售人员诋毁、攻击其他公司，而对销售人员产生不好的印象，认为销售人员的素质不高，从而拒绝与这样的销售人员合作。

销售人员在客户进行货比三家时，应以一个较为客观的态度评价竞争对手，主动提供帮助，以真诚、友好的态度帮助客户进行分析、对比，同时适时展现自己产品的优势，而不是恶意中伤、诽谤自己的竞争对手。

其实主动让客户货比三家是一种欲擒故纵的销售方式，更是一种换位思考的销售方式。试想，销售人员自己在日常生活中买东西不也喜欢货比三家，选择实惠的吗？如果销售人员主动提出让客户货比三家，客户会感受到销售人员是站在他的立场上思考问题，从而对销售人员产生好感。让客户主动货比三家，销售人员需要考虑两个问题。

1. 核心价值在于品牌与质量

品牌价值的重要性不言而喻，优秀的品牌对客户的吸引力远超一百句无用的恭维。首先，销售人员及其所在企业需要树立良好的品牌形象，提高品牌知名度和美誉度，让客户放心、安心、衷心于产品，这样才能让客户在货比三家后仍然青睐你。

我们常说一分价格一分货。如果产品质量相同，销售人员可以考虑把品牌优势讲明，这样客户才会觉得钱花得值。满足了客户的消费心理，销售人员的业绩自然会越来越好。销售人员一定要给客户提供有含金量的产品，学会为客户提供其需要的价值。

2. 产品的差异化，体现在销售人员的优质服务

在产品销售过程中，优质的产品与服务缺一不可。在新时代销售理念中，客户购买的不仅是产品本身，还有对应的额外服务。

销售人员要热情对待每一位客户，不管对方是否购买，通过何种方式购买。如果客户上门订购，销售人员要给客户详细讲解产品的相关信息，让客户对产品有一个初步的了解，同时，可以让客户亲身体验，以形成对产品的直观印象；如果是网上订购，销售人员应真实地提供产品的信息、图片、视频等，尽可能打消客户的顾虑，同时要给客户提供完善的售后服务。

7.2 主动出击，让客户快速做决定

在实际工作中，销售人员可能会遇到这样的情况：客户犹豫不决、拖延签单。面对此种情况，销售人员要主动出击，变被动为主动，充分发挥自己的主观能动性，促使客户快速做出最终决定。

7.2.1 一问到底，找到客户犹豫的真实原因

很多时候我们会觉得网络上的心理测试很准确，这是因为对方的每个问题都带有强烈的目的性，只要我们按照提问进行回答，对方就能从我们的回答中或多或少地推测出我们的想法。同理，销售人员在向客户提出问题的时候，也可以通过诱导式提问从客户的回答中推测出其真实想法。

在给客户打电话介绍产品的时候，销售人员经常会遇到这种情况：你对产品进行了详细介绍，对方却表示现在有别的事情要忙，没办法立刻做出决定，希望有时间再讨论。这种情况有可能是客户在婉转拒绝，也有可能客户真的有其他事情要处理。

这个时候，老练的销售不会马上顺着对方的意思挂掉电话，而是向客户提一个问题："为了做好下次讨论的准备，您能不能先告诉我下次想了解产品哪些方面的内容呢？"如果对方回答了这个问题，就说明对方是有讨论意向的；如果对方不愿意回答，那十有八九是在委婉拒绝；如果对方表示需要和领导商讨才能做出决定，为了进一步摸清对方的意图，销售人员还可以提出一个问题："请问您准备什么时

候和上级商讨呢？您觉得他会对产品的哪些方面感兴趣呢？”如果对方认真回答了这些问题，就表明他对产品确实感兴趣。

很多时候，因为客户的犹豫，销售人员距离订单成交只差一步。这时销售人员可以通过提问了解对方的真实顾虑，然后给出合适的解决方案，促成谈判的成功。

杰克·道格拉斯有一次想向自己的客户推广新上线的电子系统，用电子系统订货比烦琐的线下订货要轻松、简单许多，但是客户坚持跑到门店来订货。这让他感到很困惑，明明点几下鼠标就能完成的事情，对方为什么宁愿这么麻烦呢？当客户再次到门店办理业务时，杰克终于提出了自己的疑惑：“您为什么不愿意使用电子系统在线上办理呢？如果我们的系统有什么不合理的地方，请您一定要提出来，我们会加以改进。”

细问之下才知道，原来客户对电子系统并没有什么意见，只是担心自己门店的雇员会被电子系统取代，从而失去工作。在知道了客户的顾虑后，杰克向客户保证使用电子系统不会让雇员失去工作，只会让他们的工作更轻松。于是客户在杰克的解释下消除了顾虑，开始使用电子系统订货。

我们在和别人谈判的时候，总会带着自己的预设去揣测对方的想法，这样很容易使谈判误入歧途，因为你给出的解决方式未必是对方真正需要的。只有通过向对方提问，引导出对方的回答，再从对方的回答中推测出对方的真实意图，我们才能提供更加精准、切实的解决办法，打消客户的疑虑。

7.2.2 营造稀缺氛围，增强客户的紧迫感

俗话说，物以稀为贵。在现实生活中我们也深有体会：物品的数量越稀少，越发显得珍贵。从经济学角度来说，物以稀为贵是指当供小于求时，物品的价格会更高，也更能刺激人们的消费欲望。

在销售过程中，也是同样的道理。如果销售人员能体现出产品的稀缺，营造一个产品稀缺的氛围，如给产品限定一个数量范围、限定一个抢购期限等，就会给客户带来紧迫感，促使客户抓住时机赶快下单。

这一方法在电商中被广泛使用。例如，特殊的日子成为电商订单转化的大好时机，他们常常会在一些特殊日子里，如春节、双十一、双十二等，举办限时促销活动。电商不会将促销的时间定得很长，一般是一至三天，以便使客户产生“活动期间不买就亏”的心理。在直播中，主播们常采用倒计时+限量的方法，给消费者营造紧张的抢购氛围，促使消费者快速下单。

而在实际的销售过程中，当客户犹豫时，销售人员要抓住机会，用类似下面的话语来实现订单的转化：“我觉得您现在买是最划算的，我们店里促销的时间就是昨天和今天两天，而且现货只有10件了，再不下单明天估计就没了。如果您错过了这次机会，就需要再等上1个月才能有货，所以您最好是现在就能下单。”大部分有购买计划的客户听到销售人员这样说，都会立即采取购买行动，完成产品的购买。

上述话语的核心其实是心理学中的稀缺效应，这一效应是指人们对世界上稀少的事物普遍怀有强烈的拥有欲望，东西越稀少，想要获

得的欲望就越强烈。将这一效应应用到产品销售过程中，客户就会被稀少的产品或服务激起强烈的购买欲。

7.2.3 假设成交，主动推进签单进程

“假设成交法”是指在销售过程中，销售人员在假设客户已经购买了产品的前提下，与客户进行交流。在交流的过程中，销售人员可以通过逐渐深入的提问，引导客户给出回应。销售人员要分析客户的心理，在明确客户有购买意向的情况下，可以使用“假设成交法”促成交易。

一位销售人员在推销某大牌奢侈品项链时，和客户进行了如下对话。

销售人员：这款项链的设计很独特，材质也很贵重，与您高贵的气质很配。您佩戴这款项链出去，一定会获得很高的回头率。如果您的朋友问起这款项链是从哪里买的，您可一定要让她来找我啊。

客户：可以啊，一定让她来找你。

销售人员：那我就为您下单了，您稍后签个字就可以了。

客户：好的。

上述就是一个使用“假设成交法”的案例。销售人员以客户一定会购买这款项链为前提与客户展开对话，将销售过程推向实质性成交的阶段。此方法的优点是在潜移默化的语言环境中推进销售进程，客户的排斥感低，但缺点是会产生过高的成交压力，破坏成交气氛，不利于处理客户异议。

使用“假设成交法”可以节省销售人员推销产品的时间，提高推

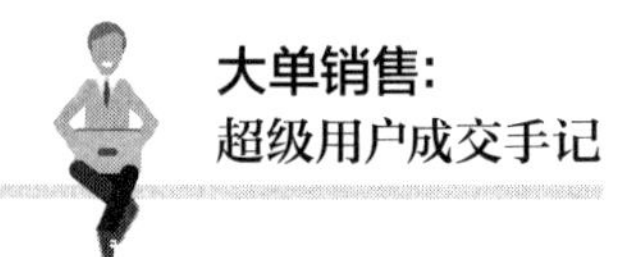

销产品的效率。在使用“假设成交法”促使客户快速下单时，销售人员要先确定客户的购物意向。在明确消费者已经有了购买产品的需求、且以产品的某一细节特点作为说服自己购买的理由时，销售人员可以引导客户将关注点转移到购买后的阶段，并尽力给客户打造一个真实的使用场景。如果销售人员在此前的介绍中并未激发客户的购物热情，就断然采用“假设成交法”，只会给客户造成过高的成交压力，使客户放弃下单。

第 8 章

解除反对：如何逆转客户的拒绝

很多人一想到销售就会想到烦人的电话营销、占据了朋友圈的微商、无孔不入的保险销售等，于是不由自主地皱眉头。但在大订单销售环境中，销售人员早已脱离人们对其的传统认知，更偏向于提供优质的消费体验与售后服务。

8.1 明确客户拒绝的原因

对于一名销售来说，客户的拒绝如同家常便饭，而见面直接签合同几乎是不可能发生的事。在日常工作中，销售人员应学会适应拒绝、调整心态，耐心询问客户拒绝的原因，同时对客户的拒绝原因给予回应。

8.1.1 害怕上当，抗拒认知外的东西

“产品不适合我吧”是客户在购买产品时，因为害怕自己上当而常用的一种说辞。通常当客户提出这类疑问时，就表明他在心中对产品的质量和价格产生了怀疑。

为了让对话能够继续下去，销售人员在遭到此类拒绝后，要懂得见招拆招。销售人员可以说：“我们的产品用户非常多，全国有很多像您这样的成功人士选择我们的产品。至于质量层面，我们的产品每年都能通过国家质检部门的检测，今年还被评选为‘百大受消费者信赖的品牌’。所以请您放心购买，我们的产品一定会让您满意的！”

销售人员想要彻底消除客户怕上当的心理，就要先从本质上了解客户的疑虑，进而有针对性地进行解决。对产品的质量和价格进行详细的说明和介绍，或者是展示一些相对权威的证书来证明产品的质量，都能有效消除客户的疑虑，促进产品成功出售。笔者提供以下几种有效消除客户疑虑的方法供销售人员参考学习，如图8-1所示。

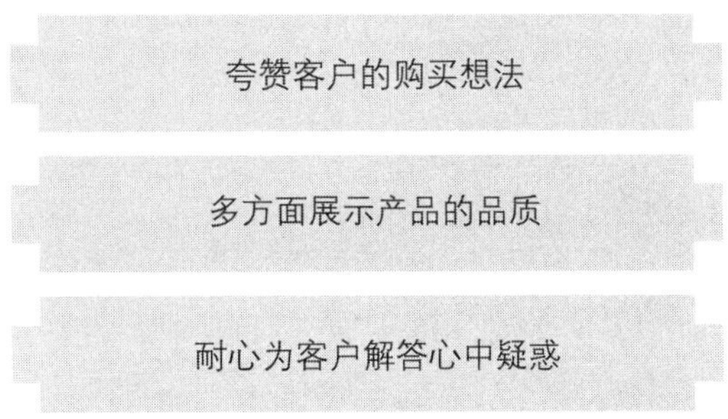

图8-1　如何有效消除客户疑虑

1. 夸赞客户的购买想法

客户购买某一产品的目的是满足自己的需求，而当他们对产品产生怀疑时，销售人员要对客户的购买想法进行夸赞，让他们在心理上获得认同感。这一方法如果运用得当，客户购买产品的欲望会大幅增长。

2. 多方面展示产品的品质

销售人员为客户解答疑问时，最重要的是从产品出发，从不同的方面对产品进行介绍和展示。如列举产品的知名代言人，展示权威的质检证明，向客户说明产品的实际销量等，运用多方面的证据来证明产品的品质，增加客户的安全感。

3. 耐心为客户解答心中疑惑

客户向销售人员表达自己对产品本身的看法和心中的疑惑后，销售人员需要耐心为其解答。对客户的内心想法进行深入了解后，销售人员可以根据其困惑点向客户有针对性地展示产品的信息与质量，并回答客户提出的各种问题。当客户对产品有详细的了解和认识后，就能够在很大程度上消除疑虑，购买产品的概率也就大大增加了。

8.1.2 不信任销售人员

在销售过程中，客户常常有“产品真的好吗”之类的询问。通常当客户提出这类问题时，其潜在意思是“我并不信任你以及你背后的品牌”。这就要求销售人员根据当时的语态环境，分析客户产生疑虑的原因，找到客户担心的问题，想办法获得客户对自己和产品的信任，这样才能进一步为其介绍产品、解决疑虑，最后完成交易。

其实客户不信任销售人员是非常容易理解的，销售人员自己作为客户购买东西时，也会本能地对销售人员产生不信任感。销售人员在应对这类情况时，需要做到将心比心，从销售过程中的各个方面向客户传递信息，告知他们产品的质量是有保障的，销售服务是完善的，积极化解客户的忧虑，使其放心购买产品。

某公司的销售人员接到了一通关于南瓜汁设备的咨询电话，对方自称是朋友介绍而来，想订购几台设备。平心而论，这是个不太起眼的小单子，但第二天双方便签订了合同，并且较为圆满地完成了合作。后来这位销售人员通过与客户聊天，得知客户还有一笔大订单在寻找合作，便继续和客户沟通技术、项目情况、售后服务等问题。

在沟通过程中，销售人员了解了客户的要求，接下来就按照这个要求为客户准备了报价资料。因为客户的决策方涉及多个国家，所以销售人员需要先准备英文版报价资料，之后再将英文翻译成俄语，最后做成英俄对照的资料发给客户。客户收到资料后直言价格太贵，其实对于销售人员来说，这也是意料之中的事，毕竟很难出现“一锤定音”的买卖。

为了留住客户，销售人员又将产品优势、企业文化、竞品分析数据等信息翻译成英文和俄语发给客户，并向客户表示自己可以立刻飞到他们总部进行详谈。经过两个小时的深入交流，客户对销售人员表示认可，而且希望由他负责签单。

在上述案例中，信息与诚意是促成这笔订单的最大功臣，如果销售人员没有深入接触了解到客户的需求，订单就无从谈起；如果销售人员没有立刻决定飞过去与客户面谈，让客户感受到诚意，订单的归属同样悬而未定。俗话说“精诚所至，金石为开。”只有用最好的产品吸引客户，用最真诚的态度对待客户，才能从销售这一竞争激烈的行业中脱颖而出。

那么在实际销售过程中，销售人员该从哪些方面化解客户的忧虑，赢得客户的信任呢？下面三点可供参考。

1. 推销前想办法博得客户的好感

在个人形象方面，销售人员要衣着得体、举止文雅、谈吐文明。整洁、清新的形象会使客户如沐春风，甚至没等销售人员开口，客户就已经对销售人员有了一个好印象。在个人技能方面，销售人员要向客户展现出自己的专业性。例如汽车销售人员在售卖汽车时，可以向客户讲授产品的型号、发动机的使用寿命、汽车的保养方法等专业知识，当客户对销售人员的专业能力产生信赖时，成单的概率就会随之提高。

2. 恰当告知风险，赢得客户的信任

没有真正完美的产品，任何一款产品都会有自己的短板。如果销售人员将产品描述得完美无瑕，反而会在客户心中留下不真实的印象。如果销售人员适度告知客户产品的短板，客户会觉得销售人员对产品的意见较为客观，值得参考。但销售人员需要注意，不能把产品描述得一无是处，那会违背告知客户产品短板的本意。销售人员告知客户的商品短板必须是不可避免的、不会影响产品使用的。

3. 保证能为客户提供优质的售后服务

受实际使用情况、产品自身短板等因素影响，购买产品存在客观上的潜在风险，这种风险会在一定程度上降低客户的购买意愿。因此，若销售人员能向客户保证为其提供优质的售后服务，客户的安全感就会上升。例如提供“一个月内免费包换”“半年内免费保修”等服务，都是为了给客户营造安全感。

以上就是销售人员在客户说出“产品真的好吗”之类拒绝的话语时的应对方法。销售人员在遇到这类情况时，最核心的做法就是取得客户的信任。只有取得客户的信任，销售流程才能顺利开展下去。

8.1.3 故意推脱，掩盖真实意图

“我现在没有时间”是销售人员经常听到的拒绝理由之一。当客户说出这句话时，他的潜台词就是“你没有引起我的兴趣”。针对这种情况，销售人员就要揣摩客户的心理，根据客户的心理来制定对策。

1. 分析客户是否真没时间

如果客户说他没时间，可能是真的没有时间，也可能是为了拒绝而采用的委婉说法。这时，销售人员首先要对客户的真实情况作出判断，如果客户是真的没有时间交流，销售人员可以快速和客户约定下一次见面的时间，给客户留下好印象。

如果客户是用“没时间”当借口来拒绝交流，销售人员就需要想办法留住客户，让客户产生与自己交流的意愿。

2. 对客户表示理解后再沟通

虽然销售人员知道客户是用“没时间”来委婉拒绝自己，但是千万不能对此有怨言，甚至对客户抱怨，正确的做法是对客户表示理解之后再进行沟通。

销售人员可以对客户说：“是的，我知道您很忙，您公司要处理的事情很多，您将公司打理得这么好，绝对花了不少精力。”这样对客户的日常工作和工作能力进行表扬和肯定，理解客户的不易，很容易获得客户的好感，减少其对销售人员的抵触心理。

3. 恰当运用利益进行引导

实际上，若客户对销售人员所推销的产品真的没有兴趣，就会直接拒绝。但是，聪明的销售人员不会放弃这样的客户，他们懂得运用恰当的利益引导法，来激起客户的兴趣。

例如，销售人员可以这样说："我保证这20分钟绝对会给贵公司带来真正的收益，我想您也愿意看到公司及时出货，顺利完成项目。"这样的表述能让客户感受到产品确实能为自己带来价值，客户对产品的兴趣就会被激起，双方的交易很大概率能被促成。

总而言之，当客户说出"没有时间"这类的拒绝语时，销售人员首先需要对客户进行挽留，之后用利益打动客户的心。只有这样，销售人员才能真正留住客户，进而完成销售。

8.2 应对客户拒绝的技巧

销售人员应始终坚持客户至上的服务理念，在销售过程中放平心态、把握时机、不轻言放弃。有经验的销售人员会发现客户的拒绝理由存在一定的规律性，掌握了这个规律，销售人员就能提前察觉到客户的拒绝想法，从而在客户拒绝前先发制人，主动提出问题并给出解释，这样销售人员便可在交流中处于主动地位，避免因反驳客户而引起不必要的不愉快。

8.2.1 放平心态，拒绝是销售的常态

在竞争日益激烈的情况下，销售就像一场角逐进入白热化阶段的足球赛，销售人员不断进攻，却无数次被客户拒之门外。任何一个销售人员都有被客户拒绝的经历，即便是销售大师乔·吉拉德也被客户拒绝过。

销售人员在与客户会面前，应该做好一定的准备：一是做好访问时被客户拒绝的心理准备；二是做好被客户拒绝后的应对准备。尤其是对于客户可能拒绝的各种理由，一定要考虑好对策。事前有准备，在销售谈判时就可以做到从容面对、胸有成竹。

有些销售人员心理脆弱，被客户拒绝一次就一蹶不振。被客户拒绝是不幸的，但是不要被客户的一次拒绝所击垮。拒绝很容易打击销售人员的自信和自尊，销售人员要学会与客户的拒绝为友，不要把客户的拒绝当作对自己的全盘否定。

日本著名的销售大师原一平曾言："推销就是要面对拒绝也依然坚持不懈。不知你是否像我一样，被客户拒绝了几十次、几百次。然而在无数次拒绝之后，或许会有一次，客户接受了你的推销。即便只有一次机会，销售人员也要拼命努力。"

很多时候销售人员一被客户拒绝，就会立刻转变语气，这样会给客户留下不好的印象，也不会有第二次合作的可能性。销售人员会慢慢体会到客户的拒绝其实是一种常态，客户冷酷的拒绝态度并非不会改变，只要销售人员足够坚持，客户就有可能被打动。销售人员不一定要在很短时间内就说服客户，可以先接受客户的拒绝再从长计议。销售人员始终需要相信客户会接纳你，只是时机还没有到。销售人员

只要把信息传递给了客户，就可以寻找恰当的时机和方式，让客户接纳并购买你的产品。

销售人员需要端正态度，给人留下真诚的印象。在拜访客户之前，销售人员应该预知被拒绝的可能性，思考被拒绝后自己要怎么办。在拜访时遭到拒绝，销售人员不要反应激烈，要表现出极大的真诚去感动客户。不管客户最终决定如何，都要保持风度，这往往是改变客户态度的有力手段。

某药品批发公司的一位销售代表业绩非常出色。他几乎每天都会打电话寻找客户，他被客户拒绝的概率高达90%，而每次被拒绝之后他都会说一句话："感谢您的接听，如果以后有什么可以帮忙的，请联系我！"

虽然只是一句客套话，不过一旦销售人员说出来，就会产生很大的影响。日后客户如果产生需求时，很可能会第一时间想起你。

8.2.2 把握处理拒绝的时机

时机是一种很难把握、很难抓住的东西。机会总是悄悄来临，机会什么时候到并不重要，重要的是我们能否在恰当的时间把握住机会。作为销售人员，不管在销售的哪一个环节都要看准时机，及时采取行动。

心理学上有这样一个现象：一个人在陌生的人或物面前，心理反应首先是疑虑。在销售人员向客户推销产品的时候，客户的这种心理尤其明显。对产品有一定的需求，又有疑虑、拿不定主意。遇到这种情形，聪明的推销员就会把握时机，先不处理客户的拒绝，而是帮客户解决内心的困扰。销售人员如果对客户的拒绝处理得不合时宜，就会适得其反。

某外国品牌化妆品专卖店店长在给客户白女士推荐护肤品套装。

客户：“这个牌子我从来没用过，不知道效果到底好不好。”

店长：“女士选择护肤品时一定要慎重，适合自己的才是最好的，我们店在这周末举办了一个美容沙龙，很多女士都会参加，大家可以一起聊聊美容护肤方面的知识，不知您有没有兴趣？”

白女士答应了，她在周末的美容沙龙中发现身边的女士们都很有气质，皮肤也很好，这让她非常羡慕。聚会中大家聊了很多她不知道的美容护肤知识，之后她兴奋地问店长：“她们用的都是这个品牌的护肤品吗？”至此，白女士展现出了自己的需求及兴趣，店长抓住机会卖出了产品，白女士成了店里的常客。

在整个销售过程中，店长都准确地分析了客户的心理，对客户的拒绝进行了适当的处理。在第一次推销产品的时候，店长知道客户肯定会因为怀疑产品效果而拒绝购买。但是，在美容沙龙这样的环境中，当客户看到聚会上的女士们都比她漂亮而且都使用这个品牌的护肤品时，客户在心里就慢慢打消了对产品的疑虑，而店长抓住时机向客户进行产品讲解，最终成功获取了客户信任。

销售人员处理客户异议的时机很重要。虽然客户拒绝销售人员的时间、地点是不受控制的，但销售人员可以把握处理客户拒绝的时机和方法。

销售人员处理拒绝的时机要考虑很多因素，包括销售发展进程、客户的异议与产品的关联性、客户异议的强度等。在处理客户拒绝时，销售人员应该有自己的原则和方法，那么处理客户拒绝的最佳时机是什么呢？

1. 在客户提出拒绝前处理

在销售过程中，销售人员有时会预感到客户即将提出拒绝，销售人员应根据自己掌握的信息，理清自己的思路，在客户提出拒绝前就对问题进行解答，做到先发制人。

这种方法可以避免与客户之间的矛盾与摩擦，因为销售人员不是在纠正客户、反驳客户，而是在了解客户、体贴客户。这也使客户感受到销售人员的直率与真诚，避免客户因为一些小问题否定产品，起到大事化小、小事化了的效果，同时还可以提高销售人员的工作效率。

2. 客户提出拒绝后马上处理

有些客户拒绝了产品，希望销售人员立即作出反应，给他们一个满意的答复。对待这种客户，销售人员要做的就是果断处理客户提出的异议。销售人员千万不能顾左右而言他，应直面客户的问题。如果销售人员不能马上解决客户的问题，要请求客户谅解，并说明原因，请求客户给自己一个解决问题的机会，争取在后续过程中得到客户的认同。

3. 推迟处理客户的拒绝

当客户对你的产品或服务产生怀疑时，销售人员不要过多地辩解。否则，反而会令客户心生厌烦。尤其是在与客户沟通的过程中，如果客户不接受产品或服务，就不要硬性推销，与客户针锋相对。这时可以转换角度，暂时放弃，等待更好的时机。下列情况都适用于推迟策略。

（1）客户的拒绝有道理，当下无法给客户一个满意的解决方案。

（2）立刻解决问题反而不利于销售工作的进行。

（3）客户的异议将随时间慢慢消退。

（4）想避开客户的异议不反驳。

（5）客户的拒绝原因与销售的产品和服务无关。

4. 不处理客户的异议

客户因为心情不好随口说的一些借口，销售人员最好不予理睬，有些与销售活动无关的异议也无需处理。

在销售过程中，客户的拒绝原因多种多样，销售人员要正视客户的拒绝，充分了解客户拒绝背后的原因，把握处理客户异议的最佳时机，从而转变销售局面，有效地进行销售。

8.2.3 重视每一个嫌货的客户

美国著名销售大师汤姆·霍普金斯（Tom Hopkins）这样看待嫌货人：对成功的销售人员来说，一旦遇到嫌货人，就是到达金矿了；当嫌货人开始发表意见，他就是在挖金子了；当客户没有意见，不言不语时，情况就不妙了，因为这种客户一般不会认真考虑购买产品。

向一个工薪家庭推销名车，无论销售人员的口才与销售技巧有多好，对于客户来说都毫无意义，因为他的经济水平根本无法负担销售人员的期待。但如果销售人员向这位客户推销一款皮鞋，或许他会说“款式不太时尚，质量也一般”。实际上，客户的话表示他已经心动了，即使他现在不买，以后也很有可能会买。

“嫌货才是买货人”的意思是，对产品抱有意见的人才是真正的行家，是有购物意愿的人。遇到对产品挑三拣四、百般挑剔的客户，销售人员不能对其心有不满或出言反驳，反而要信心十足地对客户介绍产品的优势，让客户在慎重思考之后放心购买产品。

嫌货才是买货人，不言不语是看客。不嫌货的人，一般只是走马观花、没有目标地随便看一下，不会浪费时间了解产品。营销学中有一个理论：购买产品时带有嫌弃意见的客户比不发表任何意见的客户购买欲望更大。嫌货可以表明他是一个待挖掘的潜在客户，因此，对于嫌货的客户，销售人员应及时处理客户的意见，不能置之不理，更不可与之争执。而客户在使用产品后“嫌货”，往往意味着产品或服务存在或大或小的弊端，因此其意见更加值得重视。

著名管理学家余世维先生有一次在威尼斯酒店住宿，觉得浴室的淋浴出水太小，就给客房维修部写了一个纸条。当天晚上回来时发现纸条上多了一条回复：尊敬的余先生，很抱歉我们的淋浴出了问题，不过现在已经修好，您可以洗个舒服的热水澡了。这件小事让余世维非常满意，后来他经常光顾这里。

而他住进另一家酒店时，饭菜很难吃，他同样给经理写了意见信。可得到的回答是厨师是新手，会慢慢改进，但饭菜依旧难吃。余世维再也没有去过那家酒店。

对待挑剔的客户，销售人员不应攻击与防御，而应解决问题，促进合作，将挑剔的客户变成老客户。对于挑剔的客户，无论是公司还是销售人员，都必须勇敢面对，并感激这些客户。从公司层面来说，应该从以下两个方面应对客户的挑剔。

1. 抓住机会立即改进

不管客户的挑剔是否有道理，公司若据此深入检讨，一般都会发现一些问题。客户挑剔的关键点，一般都是公司应改进的着手点，从某种意义上说，客户的挑剔对于公司自身实力的加强和提升非常有益。

某工厂为客户生产一批显示器，客户一再挑剔，工厂不断改进，但产品仍没有得到客户的认可。随着交货日期的临近，客户的驻场监管对总经理说："给你一周时间，如果还是不能生产出让我满意的产品，我们就解除合约。"总经理费尽心思日夜工作，终于制成了让客户满意的显示器，至今双方的合作范围越来越广。

2. 自我挑剔，尽量做到让客户不挑剔

公司可以换位思考，从客户的角度出发，主动发现自己的缺点和问题，并积极改善、解决。只有公司对自己的要求足够严格，自我挑剔，才能让客户满意。

8.2.4 别轻易放弃拒绝你的客户

老练的销售人员在工作过程中会透过现象看本质，很多时候客户的拒绝都是一种隐含了其他目的的借口。例如客户说"我不喜欢这款产品"，那么销售人员就要思考：客户真的不喜欢吗？是嫌产品太贵

了，还是有别的想法？不管客户意图如何，销售人员可以确定的是客户到目前为止还不愿花钱购买产品，其本质是客户在向销售人员索要更多的信息和保证。

客户直接拒绝销售人员的情况很少见，因为他们通常会隐瞒真正拒绝的理由，喜欢用善意的谎言拒绝销售人员，这使得销售变得更加复杂。

客户的拒绝真假难测，销售人员应该通过自己的销售经验对其进行辨别然后有效处理。处理的过程如下。

1. 仔细聆听客户的拒绝理由

聆听客户拒绝的理由，分辨是真的理由还是借口。不论如何，销售人员要先肯定客户的说法，然后有技巧地反对它，而不引起争论。如果销售人员确定那是借口，就一定要想办法让客户把真正的反对理由说出来。

2. 分辨客户的拒绝理由是不是唯一的

在客户拒绝时，销售人员可以礼貌询问客户这个理由是否是拒绝合作的唯一理由，并且要问除了这一原因外，客户还有没有其他方面的顾虑。

3. 重新确认

销售人员要向客户再次确认其拒绝的理由，最好是换个方式再次确认。例如销售人员可以这样表达：“如果不是因为……你们就会同意合作了，是吗？”

4. 为促成阶段做准备

在确认了客户的拒绝理由后，销售人员可以提出具体的解决方案。例如销售人员可以这样表达："按照您的说法，如果我可以让您延长付款期限，您就同意合作了吗？""如果我能带您去看看实际情况，可以帮助您下决定吗？"

5. 销售人员要使出最后法宝回复客户的拒绝理由

在最后关头，如果销售人员手中有王牌，就要及时亮出来。王牌包括客户感谢信、产品对照表或者一笔特别的交易记录等。

6. 用假定的方式告诉客户将得利益

最有效的说服方式就是向客户展示其预期收益，例如销售人员可以这样说："如果您与我们合作，我们的技术可以帮您实现利润的三倍增长。"

7. 确定回答与交易

在客户犹豫的时候，销售人员可以适时提出确认性的问题，给客户一个成交的助力，例如销售人员可以问客户以下问题："什么时候给贵公司送货最好？""我们的合作从哪一天开始好呢？""您希望把货具体送到哪里？"

销售人员的成长是建立在销售实践的基础上，即便在销售过程中被客户拒绝了，也要明确客户拒绝的原因，掌握处理客户拒绝的方法，想方设法挽回客户。实践足够多，才能成为一名优秀的销售人员。

第 9 章

成交：如何避免临门一脚时跑单

人力成本是销售环节中最高昂的成本，为避免竹篮打水一场空，优秀的销售人员应学会以下几类策略，促使订单成功交易。

9.1 成交大订单需要注意什么

由于大订单服务周期长，销售人员需要在销售过程中做好打硬仗的准备，做到心有成算、守住底线、适当施压，避免在事情尚未明了时投入人力、物力等诸多沉没成本。

9.1.1 做好准备：心有成算

《孙子·谋攻》中有言：知己知彼，百战不殆。谈判准备是销售人员能取得满意结果的基础，而充分准备客户资料以及设计与把控整个谈判过程又是谈判准备环节的重中之重。做好谈判准备需要销售团队拥有自己的CRM系统（customer relationship management，客户关系管理系统），它能科学地收集、整理、分析、管控客户信息，帮助销售团队在进行谈判准备工作时随时调取客户的数据信息，有助于销售结果效益最大化。

销售人员可以从各渠道搜集客户信息，包括但不限于公司已有的客户联系方式、转介绍、电话销售、网络销售等留下的客户记录，再将当前所掌握的客户信息编制、整理并录入CRM系统，最后依照MAN原则判断客户的类型。MAN原则是非常有效的客户分析模型，它能让销售人员在短时间内对所拥有的客户资料进行科学分析。MAN原则如下。

（1）Money（M）原则：客户现阶段的经济实力。

（2）Authority（A）原则：客户购买权的确定性。

（3）Need（N）原则：客户对商品的需求程度。

依照MAN原则可进一步将客户划分为ABC等级。ABC等级有顺序之分，其中A等级的客户是交易可能性最大的客户，他们是准客户群体，这样的客户应优先关注；B等级的客户为可能交易客户，他们对交易的欲望次于A客户，转化成A客户需要一定时间；而C等级的客户是最不可能产生交易又或是交易待定的客户。

从谈判进展程度出发，将客户划分为准客户、意向客户、待定客户。这样销售人员可针对各类型客户采取不同的策略，从而转化B、C等级客户。

马克思曾言："我们每个人都是平等的，你只有用爱来交换爱，用信任来交换信任。"谈判的准备工作不仅需要销售人员考虑到不同的客户类型，还需要销售人员换位思考，从客户的立场和角度出发，了解影响对方决策的因素，这就需要更进一步考虑以下策略。

（1）选择适宜的时间、地点。

（2）拟定破冰寒暄的措辞。

（3）确定谈判风格。

（4）预想可能出现的问题与解决方案。

（5）复盘先前谈判产生的影响。

通过系统整合与分析客户资料，预测可能出现问题并制定相应对策，销售人员才可以在谈判过程中做到心中有数、游刃有余。

9.1.2 合理造势：先声夺人

广告营销是销售团队营销的重要手段之一，它是指销售团队通过广告对商品进行宣传、美化，使商品知名度扩大，从而达到客户购买的目的。广告销售具有传播手段多样、表现形式丰富、价格弹性化等特点，其宣传推广方式以户外广告与媒体广告为主。广告营销是从人性的角度出发，基于消费心理学所采取的科学营销策略。当今社会许多广告营销都巧妙地借助从众心理、明星效应、品牌效应等消费心理为自身造势。

众所周知，小米是一家高新科技公司，其实小米也是一家成功的广告营销公司。小米能快速发展的原因除了它日新月异的创新技术外，还有像小米应用商店这样的广告营销App的强大助力。

在互联网无处不在的今天，越来越多互联网销售团队为推广软件与品牌，选择与小米合作，在小米应用商店里通过投放付费广告、提升关键词排名等方式取得下载量的增长。这是消费心理学中从众心理的缩影，正是因为人们有这个心理，小米应用商店的广告营销效果才可以实现最大化，也使得众多互联网销售团队在小米应用商店里输出品牌力量。依靠此模式不断吸金的小米，资金得到快速积累，最终获得了非常不错的成绩。

明星效应为手机、空调、游戏等领域的商品推广添了一把火，在电视、商场等线上线下渠道播放的明星广告使各大品牌的订单量快速增长。除了明星这种实体热点外，还有旺仔、小猪佩奇等卡通形象受到人们追捧。如2019年年初，小猪佩奇视频广告在朋友圈一经投放，立即引起巨大的社会反响，为小猪佩奇大电影的成功上映奠定了良好

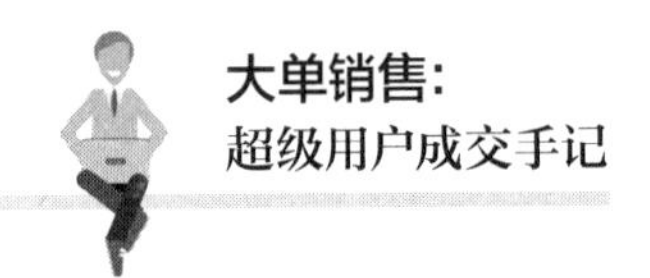

的客户基础，还促使其他电影、动画、周边等商品层出不穷，引得众多销售团队效仿其营销思路。

因此，科学合理的广告营销在媒体和第三方的作用下会让产品更出彩，更有说服力，但产品的推广要注意以下几点，如图9-1所示。

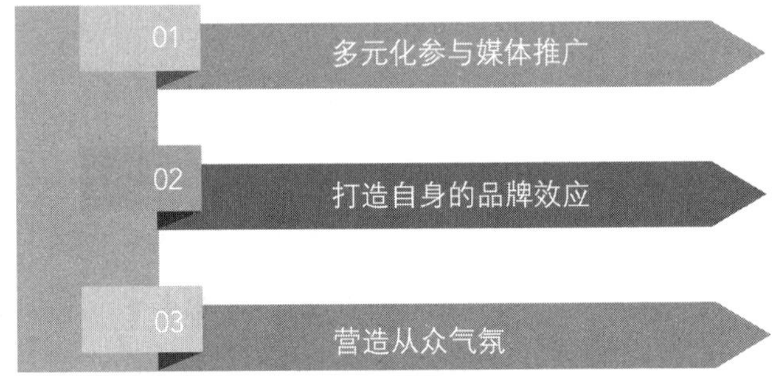

图9-1　产品推广要点

1. 多元化参与媒体推广

无论是新媒体还是传统媒体，应尽量结合销售团队的经营状况以及营销目标，审时度势地在不同平台对自身的产品进行宣传推广。正如“鸡蛋不应放在同一个篮子里”，宣传工作也应分投在不同媒体平台之中，再通过一系列策划活动与宣传工作，营造品牌效应。同时，销售团队要注重及时反馈与评估投放效果，如若效果不尽如人意，须立即作出调整。

2. 打造自身的品牌效应

以可口可乐为例，无论是实体宣传还是网络推广，可口可乐的身影几乎无处不在。它的策划是相当成功的，其品牌效应无疑是众多饮料销售团队的营销标杆。

3. 营造从众气氛

销售人员应利用从众心理、明星效应等营销手段，努力给产品营造出万众瞩目、受人追捧的形象。因此，销售人员可以练习表达技巧，如“本产品经过××知名媒体报道，××微博‘大V’用的就是我家的产品”等，使客户产生一种商品热销的印象，从而吸引更多客户前来购买。

合理、科学、实事求是地为产品造势，追逐广告营销时代的大潮，是当前每一位销售人员的必备技能。

9.1.3 提出要点：占据主动

“一把钥匙一把锁。”特定的主题就是这把钥匙，而客户的特定需求就是这把锁。在销售谈判中，总会有一个突出的主题以及重点。销售人员在作出商品介绍、议价、服务客户等行为时，常有可能会慢慢脱离想要谈论的主题，导致错失谈判成功的机会。解决这个问题的关键是提前练习表达技巧，以结果导向思维主导销售过程，牢记谈判要点。

在介绍商品时，许多资深销售人员会利用心理学上的晕轮效应。晕轮效应是指人或物的某个特别突出的特点、品质会掩盖自身的其他品质和特点。体现在销售谈判中，则是指人们对某一事物的某种特征形成好的或坏的印象之后，还会根据这一印象对事物其他方面的特征进行判断。

在营销过程中，商品往往会有一个介绍的重点，这个重点一定是区别于市面上其他商品的。例如，在介绍小米手机时，重点是它的性价比；在介绍OPPO手机时，重点是它的拍照功能；在介绍苹果手机时，重点是它的系统。这些差异化的特质是谈判桌上最有力的武器，“人无我有，人有我精”是对客户最大的吸引。

一加手机（One Plus）曾经荣获京东平台3000～3999元的单品销量冠军，因为与其他同等价位的智能手机相比，一加手机搭载了UFS 3.0闪存系统，整体读写速度比UFS 2.1提升了很多。此外，一加手机虽然比较便宜，却拥有双扬声器，还支持杜比全景声和多种音效设置，可以自动识别音乐环境，根据所放的声音自动匹配不同的音效。

对于喜欢摄影的人们来说，一加手机还具备光学防抖功能，这是其卖点。有些人在拍照时会不自觉地手抖，如果遇到需要快速成像的情况，手抖的可能性还会大大增加。在摄影时，一加手机的光学防抖功能很实用，这也是其受人们欢迎的一个重要原因。

每个商品都会有核心特质。例如，案例中一加手机的UFS 3.0闪存系统、双扬声器、光学防抖功能等，这些特质是吸引客户的关键。销售人员要牢记，在营销产品时不缺优点，只缺卖点。销售人员要把握好产品的特征，挖掘产品的核心特质，把握销售谈判的主动性。

9.1.4 找到分歧：以退为进

在销售过程中，客户可能会在很多方面与销售人员产生分歧，如产品价格、产品质量、售后服务等，甚至有时还会出现双方价值观不一致、言语动作不恰当等问题，使对方产生抵触心理，从而导致谈判失败。双方产生分歧的原因有很多，主要原因一般有以下几点。

1. 掌握信息的问题

如果销售人员在没有充分掌握客户数据资料的情况下过早地表露销售意图，会使客户感到难以接受；另一方面，如果销售人员没有把控好整个谈判的节奏，在一开始就将自身掌握的信息和盘托出，会导致客户失去继续了解商品的兴趣。

2. 辩论游戏

双方在谈判过程中难免会遇到尴尬的问题或陷入僵局，双方有可能会为证明自己的观点而辩论甚至是争吵。当客户对产品不满意或是在一些问题上没有和销售人员达成共识时，就会持续积累不良情绪，最后会归为对产品和销售人员不满。

3. 自身素质

销售人员需要强大的心理素质以及从业所应具备的耐心与毅力。在一些与自己想法、价值观相悖的问题出现时，由于天性使然，销售人员的情绪难免会变得紧张，思维也会变得混乱，从而固守己见，强迫客户遵从自己提出的条件，殊不知这样会对谈判结果产生严重的消极影响。

针对以上问题，销售人员在谈判前就应做好充足的准备，对于客户的信息要系统、全面地掌握。此外，销售人员在谈判过程中应循序渐进地询问客户的意见，引导客户的想法，从而得到自己想要的信息。销售人员不应只站在自己的角度审视整个谈判过程，还要站在客户的角度去思考问题。

客户对产品会有诸多要求与期许，销售人员在倾听与思考的同时，要做出积极的引导并有策略地进行转变，抓住谈判的余地，将劣势局面转化为优势局面。

9.1.5 守住底线：不让寸土

退让策略是针对一些较有主见的客户所使用的报价方法。这类客户通常会要求销售人员做出一定的退让，当销售人员给予优惠后才会和销售人员签单。但销售人员在使用退让策略时，要讲究一定的方式方法，如让步幅度递减。销售人员须注意，不能让这类客户在谈判中占据主导地位，否则会导致盲目让步。

销售人员在使用退让策略时，应该遵循以下几点原则，如图9-2所示。

图9-2　使用退让策略时应该遵循的原则

1. 不要轻易退让

销售人员在使用退让策略时，切忌轻易让步，这会让客户产生一种产品报价相当有水分的想法。客户一旦有了这种想法，就会对产品产生轻视态度，并进一步压低商品的价格，让销售人员做出一次又一次的退让，将价格一压再压。这大大降低了销售人员在价格博弈中的战斗力，甚至可能导致交易失败。

2. 设好退让的底线

马克思曾言：“人们奋斗所争取的一切，都同他们的利益有关。”退让策略的核心是通过压低一定的价格来达成交易，其最终目的是销售商品，获得利益。因此，销售人员在采用退让策略时一定要设好退让的底线，不能让订单获得的利益太少，这样就违背了销售的目的。销售人员在实际使用这一策略时，需要明确商品的成本价格与最低报价，这样才能让自己在价格博弈中胸有成竹、张弛有度。

3. 退让幅度不宜过大

在退让过程中，销售人员切忌抱着一次性退让就能让商品成交的想法。客户不一定相信这是你的价格底线，而会当作是你的第一次价格让步，从而使销售人员在商品的价格博弈中处于被动的地位。

基于上述说法，销售人员使用退让策略时，应使用“让步幅度递减”的方法，在把握好时机的情况下逐步向客户让步，既让客户看到自己的谈判诚意，又能够坚守自己的价格底线。

9.1.6 适当施压：攻防转换

外在压力增加时，就应增强内在的动力。对于销售人员来说，谈判施压策略主要表现在时间施压、信息施压、态度施压、底线施压这四个方面，合理利用这四项施压手段，能得到更好的谈判效果。

1. 时间施压

在沟通谈判中，销售人员与客户双方所做的八成让步，都是在两成的沟通谈判时间里实现的。在沟通谈判初期，双方很少会做出让步，因为如果其中一方提出了过多的要求，另一方绝不可能妥协。而到了沟通谈判要结束的剩余两成时间内，如果其中一方提出了一些要求，出于进度的考虑，另一方很可能会让步。

老练的销售人员往往会利用时间来向客户施压，他们在沟通谈判的最后一刻才同意客户提出的条件，但其实那些条件他们可以在沟通谈判一开始就同意。

2. 信息施压

信息施压也是销售人员与客户谈判时的有效手段。

销售人员要事先对客户的信息进行尽可能全面地搜集，对客户的需求及关注点要做到心中有数。例如客户对价格十分敏感，销售人员可向其介绍目前的优惠活动，并且要强调活动马上就要结束了。通过这种优惠信息的施压，可以很好地激发客户的购买欲望，最终达成交易。

3. 态度施压

在所有的沟通谈判施压策略中，最强有力的一种策略是态度施压。如果销售人员应用得好，很有可能立即达成交易。

在销售人员进行态度施压前，一定要先通过客户的信息和客户的行为表现来分析其对产品的购买欲望，客户的购买欲望越强烈，销售人员的态度施压就越容易成功。例如，在面对十分有购买欲望又犹豫不决的客户时，销售人员可以选择不接受客户提出的更优惠的要求，利用自己的优势对客户进行适当的施压，催促客户尽快下单。

在态度施压的过程中，销售人员要注意把握表明态度的时机，在客户表现出来的购买意愿最强烈时，使用态度施压的效果最好。如果谈判时间过长，或在谈判开始时销售人员就采用态度施压的方法，很可能会因为降低了客户的消费体验而导致交易失败。

4. 底线施压

当销售人员确定了客户有较强的购买欲望但又犹豫不决时，可亮出自己的价格底线，告诉客户现在已经是最优惠的条件，自己不可能再降低价格。亮底线的方式明确表明了销售人员的立场，也可以让客户明白这是销售人员的最大让步，使其对更优惠的价格谈判死心。这时客户出于自己的购买意愿，也会尽快下单，从而加快交易的进程。

需要注意的是，底线施压的策略一般适用于谈判后期。这时销售人员与客户在产品的选择等多方面都已达成了共识，客户没有下单的原因也只是优惠力度等某一方面未谈妥。当销售人员亮出自己的价格底线后，客户自然明白已经没有商量的余地，从而达成交易。

9.1.7 制造问题：化解僵局

在销售人员与客户的谈判过程中，巧妙制造问题、快速突出重围是十分有效的谈判技巧。制造问题、突出重围的技巧包括以下几个方面，如图9-3所示。

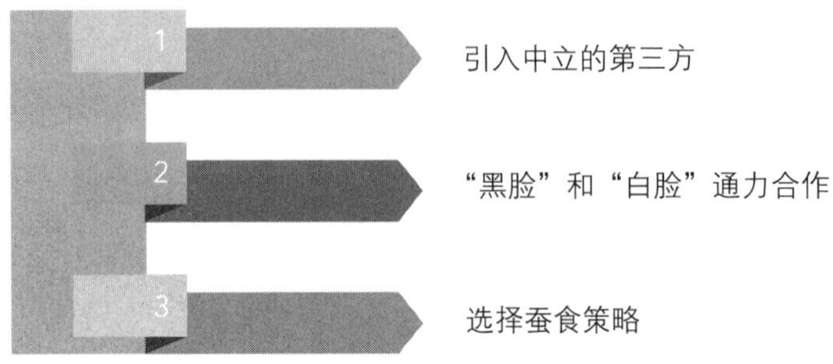

图9-3　制造问题、突出重围的技巧

1. 引入中立的第三方

当双方都认为没有继续谈下去的意义，沟通谈判陷入僵局时，销售人员应尽快阻止情况进一步恶化，引入中立的第三方。

中立的第三方是指相对于竞争双方而言，其不涉及相关利益，沟通谈判双方都认为其能够担任调解人或仲裁者的角色。中立的第三方的加入，能使销售人员和客户对于最终的判决结果都无异议。

为了得到沟通谈判双方的认可，第三方的选择很有讲究。如果销售人员只是很随意地让自己的销售经理评判，那么客户基本不会承认销售经理的作用，因为客户很清楚销售人员和销售经理是一个利益共同体。因此，如果想真正让第三方发挥调解人或仲裁者的作用，销售人员必须保证这个人的客观立场，至少要让客户感觉公平、公正。

2.“黑脸”和“白脸”通力合作

一家汽车公司的销售人员和客户进行谈判时，提出了30万元的销售价格，在客户讲价的环节也不肯让步，而当客户失望离开时，销售人员说：“我和您也谈了这么久，今天破例带您问一下店长吧。”然后把客户带到店长处。

店长热情地接待了客户，满口答应：“好吧，今天我们就以28万元卖给你。”与强硬的销售人员相比，店长的和气会让客户相信28万元的价格非常合理，从而有效地达成交易。

其实这位销售人员的心理底价同样是28万元，但店长的加入让客户不仅认同了汽车价格的合理性，还认同了店长的诚恳态度，“黑脸”和“白脸”策略是有效的销售谈判策略之一。在使用“黑脸”和“白脸”策略时，需要有两名谈判者，即两名销售人员，其基本运作模式就是“黑脸”先出场，表现出不让步的强硬态度，随后“白脸”再出场，缓和气氛。

“黑脸”的责任是使客户产生“这个销售人员不好谈条件”的感受，“白脸”的责任是为客户提供更贴心的服务、更优惠的价格，通过两名销售人员的对比，可使客户感受到更好的消费体验，从而达成交易。在一些大宗的销售谈判过程中，“黑脸”和“白脸”可交替出现，直至达成交易。

3. 选择蚕食策略

蚕食策略的作用在于，即使谈判双方已经就所有问题达成了共识，销售人员仍然可以获得一些额外利益。这种策略限于即将交易的双方，如果客户刚来问价，销售人员便“狮子大开口”，不仅会失去蚕食的利益，还可能直接丢掉订单。

蚕食策略通常的做法是，销售人员首先解答客户提出的所有问题，如产品的型号、颜色、功能等，同时重点讲出产品的优点，让客户对产品产生深深的认同感和明确的购买欲望。而在客户明确表示出对商品的购买欲望时，销售人员可以适当增加一些购买条件，如“您可以再花100块办张会员卡，活动期间购买本公司其他产品还有优惠”。客户出于对销售人员所售产品的爱屋及乌，对这些附加购买条件的警惕度就会降低，达成交易的概率很大。

蚕食策略的关键在于开始沟通谈判之后，销售人员可以逐渐增加一些微不足道的条件，以达到自己的目的。

9.2 快速成单的谈判策略

客户砍价是非常正常的事，如果客户根本不关心报价，也不砍价，说明他很可能不是真心实意想购买产品。在客户提出价格要求之后，接下来提到的几种销售策略将为销售人员提供一定的借鉴。

9.2.1 出价策略

广州塔是广州的知名建筑；中央电视台大楼是北京的知名建筑；东方明珠是上海的知名建筑。这些地方建筑既不是造价最贵的，也不是最便宜的，而是独一无二的，因此能给人们留下非常深刻的印象。

这种特点如果映射到谈判当中，则是销售人员在报价的时候应该差异化开价。开价就像是卖西服，最好的西服不是品牌多么高端、花纹多么精致，而是它最适合客户。差异化的开价能做到独一无二，实现销售利益最大化。

在大订单销售谈判过程中，出价决定了销售人员在谈判中是否能占据优势地位。依据先入为主的心理效应，销售人员应主动开价、抢占先机，如果客户对于项目的价格没有期望值，销售人员的报价将影响客户最终的期望值。因此，当销售人员不断放大产品优势时，客户的心理价位往往更接近销售人员所报价格。销售人员越有经验、越胸有成竹，就越是要报高价，只有更高的价格才能保证更高的利润。

即便客户已经有了期望的价格，或者客户对于项目已经十分熟悉，大概清楚价格区间，销售人员的报价起点依然要高。值得注意的是，初次报价绝对不能脱离实际情况，不能高得太离谱，要让客户感受到销售人员所报价格是经过严格考量、商榷而定的，否则会给人“赶客”的感觉。报价要留出一定的还价余地，当销售人员策略性地虚报一定的价格后，再次降低价格可以有效地制造出大幅让步的假象，提高客户的购买体验。

合理地运用谈判策略，并且在开始的阶段用有力且有理的开价震慑对方，销售人员就能在这场价格拉锯战中占据有利地位。

9.2.2 遛马策略

遛马策略是指在驯马场中，驯马员如果遇到刚烈难驯的马，一般会先遛一遛它。这其实是驯马员在疏导、安抚马。当马与驯马员亲近了之后，整个驯马过程也会顺利很多。这一策略也适用于商业谈判，当对方提出令人难以接受的条件时，销售人员不要立即反驳，而应该岔开话题，和客户拉近关系，从而采取顺势疏导的方式说服对方，让对方改变态度、调整条件。在实际销售过程中，销售人员可以通过多种方式寻求突破口，促成交易。

1. 正事“遛马”

向客户解释价格较高的原因，如原材料、人力等成本的上涨，如产品较市面上的同类产品有更大的优势、更广阔的受众面，让客户意识到销售人员开出的这个价格其实是物超所值的。同时销售人员还可以积极展望未来，点明自己和客户今天所谈的合作都是为了未来双方可以进行长期战略合作，请客户不要因为当下这点小事情，影响双方今后的合作共赢。站在客户的立场上，让客户始终觉得处在谈判的上风，而当客户觉得自己处于谈判上风时，销售人员就更容易实现利益的最大化。

2. 闲事“遛马”

曹雪芹《红楼梦》中曾言：“世事洞明皆学问，人情练达即文章。”在谈判陷入僵局的时候，销售人员不应继续咄咄逼人地对待客户，而应适当表示出对客户的认同。销售人员可以通过邀请客户进行吃饭、喝茶等娱乐活动，拉近与客户的距离，同时可以更近距离地观察客户的性格，寻求打破僵局的突破口。那么怎样通过闲事“遛马”来寻求突破口呢？具体来讲有四步，如图9-4所示。

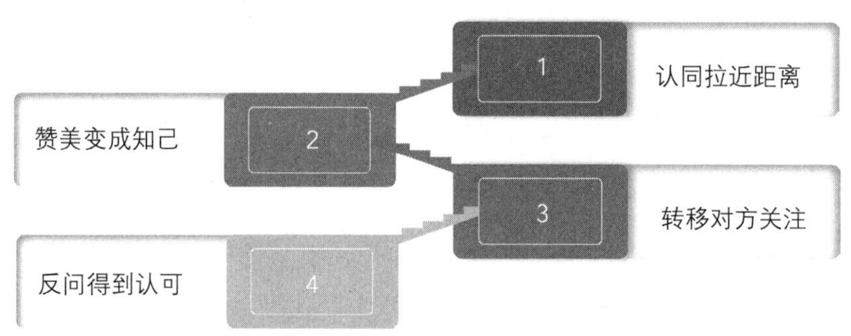

图9-4 “遛马”策略的流程

（1）认同拉近距离。表示对客户的认可能够有效拉近与客户的距离。美国著名人际关系学大师卡耐基曾言："跟别人交谈时，不要以讨论不同意见作为开始，要以双方都同意的事作为开始。"销售人员使用这种认同策略的目的并不是虚伪的阿谀奉承，而是为了快速实现双方的共同目的。

（2）赞美变成知己。面对不同性格的客户，销售人员要采取不一样的方法：面对急性子的客户要快"遛"，应当多赞美、多引导客户，寻找谈判的突破口；面对慢性子的客户要慢"遛"，要有耐心，一次没有说服时不要立刻松口，多进行尝试，用努力与真诚打动客户。

（3）转移对方关注。销售人员要注意，利用闲事"遛马"时不能急功近利，要耐着性子慢慢来，给客户留下一个好的印象，才能让他更易于相信销售人员的话。尤其是在发生矛盾时，销售人员可以将话题从当前的矛盾引开，通过强调自身优势、淡化劣势，从而让客户相信销售人员的产品是他们所必需的，再以此寻求突破口。

（4）反问得到认可。销售人员需要收集更多关于客户的想法，旁敲侧击地摸清客户真正的需求，同时及时调整谈判内容，投其所好，使策略更加符合客户需求，增加谈判成功的概率。

"遛马"策略的关键在于销售人员前期不能表现得冷漠、不近人情，而应顺着客户的思路，通过进一步的交谈以及前期所做的准备，获得客户的认同，从而寻找突破口，进一步将谈判推向对己方有利的方向，最终达到自己的谈判目的。

9.2.3 折中策略

在谈判中，谈判双方都希望能获得更大的利益。因此在谈判过程中，如果上述谈判策略都无法奏效，那么谈判就变为拉锯战，长期维持僵局对谈判双方都是百害而无一利。与其双方僵持不下，都不能从中受益，不如各退一步，解决分歧，实现双赢。那么如何才能实现双赢呢？可以采取折中策略。

某客户准备购买一批采暖设备，最终选中了一家生产商。双方代表之前已经讨论过几轮，这次是在公司会议室进行最后洽谈。客户代表说："为了购买采暖设备，我们接触了很多厂家，你们的产品质量比较好，就是价格太高了。如果你们愿意降价，咱们就可以合作。"

销售代表回复："我们的价格已经很低了，而且售后服务很有保障，您肯定不会吃亏。"

客户代表接着说："我是诚心想和你们合作的，而且我手里有一些客户资源可以介绍给你们，你们可以从中找到新客户，何乐而不为呢？"

销售代表不再坚持："那您觉得什么样的价格才合适呢？"

客户代表说："如果你们愿意把价格降低3%，我可以考虑一次性把货款付清，这样你们也不用担心拖欠货款的问题。"

销售代表说："降低3%太为难我们了，我们不可能做赔本交易，您再想一个方案吧！"

这时客户代表提出："不如大家各退一步，你们把价格降低1.5%，我分两次付清所有货款，这样可以吗？"后来经过一番深入讨论，双方终于达成了协议。

通过上述案例可以知道，哪方提出了折中策略，就说明哪方还留有余地，自然就处在了被动地位。因此，销售人员尽量不要自己提出折中方案，而是引导客户主动提出折中方案，如“您比我见多识广，您又是甲方，您看怎么办，好歹提个方案，只要差不多就行。”

如果销售人员不断强调双方在这笔生意上已经投入大量的时间而且双方的价格分歧只是一个很小的数目，最后客户很可能会说：“既然这样，为什么不各让一步呢？”然后销售人员可以假装不情愿地接受对方的条件，从而让客户感觉自己才是这场谈判的赢家。

折中策略强调平等互利、双方共赢。因此，这种策略不仅适用于商业谈判，也适用于大订单销售工作。大单销售的双方都会获益，销售人员使用这种策略，往往能更轻松达到销售目的。

9.2.4 钳子策略

钳子是一种十分常见的生活工具，它能帮助人们节省不少力气，同时提高工作效率。钳子的发明利用了杠杆原理，人们在使用它时，只需要花费很小的力气，就能钳动很大的东西。钳子策略是指在谈判过程中，通过找到一个支撑点来控制对方的思维，从而让自己在谈判过程中处于主动、有利的地位，占据更大的优势。

美国沃顿商学院有位名叫迈克尔·米尔肯的学生，他被称为“垃圾证券之王”。这是因为他总是会大量买进一些别人都不看好的证券，而正是利用这些“垃圾证券”，迈克尔在美国金融界创造了奇迹。

通过对一只“垃圾证券”进行评估，迈克尔找到了改变证券“垃圾”状态的方法。他开始为自己的股票寻找投资者。某次，在就证券价格与投资者进行谈判的时候，投资者先是给出了23万美元的报价。迈克尔听到这个数字后，没有反驳投资者，而是对他说了一句：“你一定可以给我一个更高的价格。”随后他走出了谈判室，让投资者单独思考。

当半小时后迈克尔再次回到谈判室时，投资者给出了34万美元的报价，于是迈克尔爽快地与对方签订了合同。实际上迈克尔对自己的股票估价是22万～28万美元，投资者第一次给出的价格其实已经达到了迈克尔的预期值。但迈克尔并没有就此止步，而是利用钳子策略，给投资者造成心理压力，从而推动谈判结果朝着更好的方向发展。

在使用了钳子策略之后，客户往往会仔细审视自己的报价，从而适当做出让步。例如，客户可能会说：“好吧，我再让3%，这是我最大的让步了，如果你不同意，那么很遗憾，这次合作恐怕是不能达成了。”恰当使用钳子策略能够使相持不下的谈判突然峰回路转、柳暗花明。

谈判中有意地沉默不仅能够让客户做出让步，还能最大程度掩盖自己的想法，因此，销售人员在没有摸清客户的方案前不应轻易表态。在正常的谈判中，对于同一个问题一般会有两种解决方案，即销售人员的方案和客户的方案。销售人员的方案是已知的，如果不清楚客户的方案，销售人员可以在报价后设法了解到客户的方案，再做出进一步的行动。

在大单销售的谈判中，销售人员应该灵活运用钳子策略。有时客户会使用“反钳子”策略，对自己的底牌守口如瓶，同时他们还会迫使销售人员说出具体的数字。此时销售人员应坚持使用钳子策略，确保自己能在整个谈判过程中始终处于有利的地位。

谈判是实力与智慧的较量、学识与口才的较量、魅力与演技的较量。在谈判过程中，销售人员要始终保持高度紧张，严肃对待每一次谈判。“好将军不打无准备之仗”，想成为谈判高手，就要做好充足的准备，积攒大量的经验。销售人员可以通过不断地总结经验，提升自己的谈判技能，从而不断进步、达成交易。

9.3 签订合同：谨防最后一步的陷阱

签订合同是很多销售新手比较陌生的环节，却是销售过程中较为重要的环节。在签订合同时，销售人员一定要万分谨慎，防止对方在合同上做手脚。下文将介绍签订合同的详细流程，供销售人员参考。

9.3.1 起草合同，谈判、商定细节

销售合同是销售人员与客户签订、变更、终止民事权利义务关系的协议。交易双方根据《中华人民共和国合同法》《中华人民共和国民法典》，遵循诚实守信、平等、公平等原则协商签订协议。

签订销售合同的流程包括邀约和承诺两个阶段。其中邀约指的是一方当事人向另一方提出签订销售合同的要求，提出邀约的一方称为邀约人（一般为销售人员），另一方称为受约人（一般为客户）。

在邀约过程中，邀约人向受约人表达签订合同或协议的意向，明确合同所要签订的主要条款，并要求受约人给出回复期限。邀约人在自己规定的期限内邀约受到法律的保护，若对方接受，则有义务签订合同或协议。

承诺阶段在销售合同整个过程中起着决定性作用，双方进入到承诺阶段，表示受约人同意和接受邀约人的邀约。邀约经承诺后，则表明双方是自愿同意协议中的主要条款。承诺须在邀约规定的期限内作出，否则逾期无效。

承诺的内容必须与邀约阶段的内容完全一致，承诺是完全无条件地接受邀约人的全部条款，如若受约人对条款进行变更、接受附加条款或只同意部分条款，则视为受约人对邀约的拒绝，此协议将无效。如若受约人向邀约人继续提出新的邀约，则称为反邀约。

在现实生活中，销售合同或协议要经过邀约—反邀约—再反邀约—承诺的过程。销售合同最终究竟是否成立或具有法律效力，要看是否经过邀约与承诺两个阶段。

如果说承诺阶段是签订销售合同的关键，那么主要条款是整个销售合同内容的关键。主要条款规定了签订合同双方的权利与义务，是双方履行合同的主要依据，它决定了合同是否真正具有法律效力。其中主要条款包括以下几点。

1. 标的

标的是当事人双方权利与义务共同的指向对象，是订立销售合同的目的和前提。在销售合同中，标的一般为商品或劳务。

2. 数量和质量

指确定销售合同标的的数量和质量，它们是确定销售合同标的特征的决定性条件，也是衡量销售合同履行程度的关键。

3. 酬金

酬金是取得合同标的的一方向另一方支付的以货币数量表示的代价，销售人员应在合同中明确酬金数额，并严格按照规定向客户说明计算标准与结算方式等。

4. 履行期限、地点、方式

履行期限是双方当事人依据合同享受权利、履行义务的时间，它是确认销售合同是否按时履行或延期履行的时间标准，双方当事人在签订合同时，必须明确规定具体的履行期限，如按年、季度、月、日履行的起止期限。

履行地点是一方当事人履行义务、另一方当事人接受义务的地方，直接关系到履行的费用和履行期限。确定时应冠以省、市名称，避免因重名而在履行时产生错误。

履行方式是指合同当事人履行义务的具体方法，它是由合同的内容和性质决定的。履行方式主要包括交货方式、运输方式、结算方式，如交付商品是一次性交付还是分期、分批交付，是自主提货还是代办托运等。

5. 违约责任

违约责任是指销售合同当事人违反销售合同约定的条款时应承担

的法律责任。

此外，销售合同的内容还应包括：根据法律规定或销售合同性质必须具备的条款，以及当事人一方要求必须规定的条款。

销售合同签订流程中，客户对商品的要求并非会受到销售一方的限制，相反在现实操作中，销售人员所起草的销售合同会根据客户的要求进行更改。当客户对商品的要求发生变化、或对销售合同中某些条款存在异议时，就需要停止当前的销售合同，召开谈判会议与客户进行新的合同商定。

罗真是某化学原料厂家的销售人员，在一次销售谈判中，他与化工企业采购员孙洪起草了销售合同，2天后孙洪所属公司人员经过会议商讨，决定将采购的产品数量增加为之前的3倍，需要重新起草合同。罗真在知晓消息后与孙洪进行了新一轮的谈判会议，孙洪一方说明了原料的数量与质量的特殊要求，并要求罗真一方在价格上进行让步。罗真迅速与销售部门经理、生产部门经理等人进行商议，决定与客户孙洪公司起草一份新的销售合同，以保证交易顺利进行。

针对销售过程中可能出现的诸多问题，在签订合同时，签订双方需要遵循一定的原则，如图9-5所示。

图9-5　签订销售合同遵循原则

1. 保密性原则

在谈判过程中，双方都需要尊重对方利益，所做的谈判记录不能泄露给第三方。如若发生信息泄露，相关者将受到法律的严惩。

2. 及时性原则

谈判的内容或销售合同存在异议时，双方都应立即向对方反馈，不能拖延或有意隐瞒。尤其是销售人员在面对客户对商品的特殊要求时，应在谈判桌上就相关问题与客户达成一致意见，所达成的协议也应在规定期限内执行。

3. 自我立场原则

谈判过程中，销售人员应该坚持自身的立场，不能被客户的讨价还价、套近乎等行为影响，不能做出影响公司利益的承诺。同时，客户也应坚定自己的立场，在法律规定的范围内与销售人员进行友好谈判，坚守法律底线、维护公司权益。

4. 灵活变通原则

客户可能会在谈判过程中向销售人员提出各种难题，这需要销售人员具体问题具体分析，在不影响自身原则与公司利益下，可以进行适当的灵活变通。

销售合同的种类繁多，各行各业的合同内容也不尽相同。双方在起草销售合同时，应参考多种类型销售合同，在固有的法律规定和主要条款的主框架不变的前提下，根据所在行业、交易性质的具体情况进行灵活编写。

9.3.2 审核合同，分析财务风险性

审核销售合同是合同签订流程中非常重要的一环。其中审核的主要内容有：商品名称、型号规格数据、商品价格、结算方式、交货数量、交货日期、合同附件、客户特殊要求以及是否符合法律规定等。

合同审核的方法随合同类型的不同而变化。口头或电话订单应由销售人员填写《客户订购商品记录》，明确商品所需的各项规格与要求，以此作为审核依据。对于一般合同，即由销售人员与客户直接签订的合同，按照正常的审核要求进行审核，在满足客户要求的前提下，将审核结果收录到《销售合同评审记录》中。

而对于特殊合同，即国外合同或一些重大合同，在审核过程中需要销售人员或部门经理以及相关负责人开会，对客户的特殊要求进行商讨，审核同意后再由现场参会人员共同签字，并将审核结果收录到《销售合同评审记录》中。

在审核合同时，应注意以下几项内容。

1. 合同标的物的确定

使用国家标准的计量单位与专业名称，将所售商品（即合同标的物）固定化和确定化，包括商品的名称以及规格。

2. 标的物风险的承担

在交付与运输标的物时都会存在一定的风险。因此法律规定：如若标的物在交付给客户之前受损，损失由销售公司承担；如若交付成功，则之后的风险应由客户承担；如若双方另有其他约定，则以所约定的条款为准。

3. 合同审核的时间

在正式签订合同之前，双方需要对合同草案进行审核。一般用1个工作日来确认审核需求，用3个工作日左右来审核合同的条款。审核的主要内容有：条款内容是否完备、表述是否准确、履约时间与期限是否正确、双方当事人的权力与义务是否公平合理等。

4. 合同的变更与修改

如果客户在签订合同后要求修改有关条款或内容，双方就需要签订《合同补充协议》，如若变更内容较多，则需要重新签订合同，并在此后重新进行评审。

无论是客户还是销售人员，都需要对销售合同主要条款进行审核，并且需要重点关注一些重要方面，如标的数据、款项、付款方式、合同是否合法以及是否具有法律效力等。此外当客户对商品提出特殊要求时，销售人员需要评估其风险。

9.3.3 再次确认权责，正确署名

销售合同审核完成后，双方需要进行最终确认，明确自己和对方的权利与义务，明确合同中的各款项是否无误。

1. 明确双方义务

合同的本质是一份具有法律效应的协议，它是对当事人之间设立、变更、终止民事关系的规定，以及对当事人的权利和义务的规定。没有人能预测合作的过程中是否会出现问题、是否会产生纠纷，

如果对此没有明确的解决方案，势必会给合作双方带来很多麻烦，因此明确合作双方的义务是合同中必不可少的内容。

对于合作双方来说，必定会涉及利益问题，而利益问题是最容易引起双方冲突的问题。有了冲突并不可怕，可怕的是没有有效地解决冲突的措施。人们在面对利益冲突的时候，都会极力维护自己的利益，如果没有能够约束彼此的措施，就会陷入僵局。

为了保证顺利建立合作关系，也为了避免日后合作中发生不可调和的冲突，双方在制定合同时首先要明确自己和对方的义务。若销售人员经验不足，短时间内不能确定合作过程中会涉及的具体义务，可以咨询同行或者专业的法律顾问。

2. 条款要详细

合同内容包括合同签订的主体以及主体之间共同约定的各项权利和义务。后者通常是以条款的形式呈现出来，将每一种具体的情况列为一项条款，这就要求条款的内容要尽可能详细。因为条款的内容越详细，遇到具体情况的时候也就更容易找到对应的解决措施。只要是可能在合作过程中出现的问题，只要是双方能想到的问题，都可以以具体的条款展现出来，毕竟防患于未然好过亡羊补牢。

合同的内容应包括当事人的名称、地址，以及标的、数量、质量、价款、履行期限及方式、违约责任、解决争议的办法。根据合同所涉及的具体内容，销售人员可以有选择地选用以上内容作为合同的主要条款。但不论合同的主要条款的内容如何，都是越详细越好。

例如，甲方需要乙方开发一套系统，并与乙方签订了合作协议。协议中规定乙方需要尽早完成系统开发工作，乙方提前完成的时间越早，甲方为乙方支付的劳动报酬就越多。

显然这是一份条款内容模糊的合同，合同中的“尽早”没有一个明确的概念，也没有一个明确的界定时间。乙方如果想凭借这份合同向甲方要求支付更高的劳动报酬，几乎是不可能的。因为即便乙方快速完成任务，但合同中没有一个参照的时间让乙方来证明自己的速度很快，没有有效依据来保证交易的公平性。

详细的合同条款还能展现合同制定者的思维缜密程度和考虑周密程度，会使对方对己方更加信任，推动彼此的合作关系深入发展。

3. 违约责任条款要注明

对于合作双方来说，合作是有期限的、有责任和有义务的。合作双方应该在这个期限内按照合同规定向对方负责。如果某一方违背了合同中的规定，就是违约，违约会给对方带来不良影响，造成损失。因此合同中会包含违约责任条款，违约责任条款也需注明细节。

违约责任条款包括违约责任承担方式、违约责任条款约定、损害赔偿的范围和违约金四项内容。其中违约责任承担方式指的是，当事人一方不履行合同义务或所履行合同义务不符合规定的时候，应当承担继续履行、采取补救措施或者违约赔偿等违约责任。

违约责任条款约定是违约责任条款的核心内容，它包括所有可能出现的违约形式以及违约补救、赔偿方面的内容。例如双方签订的是为期两年的合作合同，那么合同中至少应给出一年之内取消合作的赔偿标准，以及一年之后退出合作的赔偿标准。因为这两种情况都是极有可能发生的，是会给合作的另一方带来较大影响，造成较大损失的。

损害赔偿的范围指的是当事人一方因不履行合同义务或者履行合同义务时违反约定导致给另一方造成损失，需要向另一方赔偿损失费。而损失赔偿额不能少于合同中对违约规定的赔偿额，以及履行合同义务本可以带来的收益。

违约金指的是一方因违约给另一方造成了一定的损失，需要将损失折合成金钱赔付给另一方。违约金可以在合同中直接规定具体数额，也可以根据实际情况折算。如果合同中事先约定的违约金低于实际损失，受损失的一方可以请求人民法院或者仲裁机构予以处理。

《中华人民共和国合同法》第三十二条规定："当事人采用合同书形式订立合同的，自双方当事人签字或盖章时合同成立。"《中华人民共和国民法典》第四百九十条规定："当事人采用合同书形式订立合同的，自当事人均签名、盖章或者按指印时合同成立。"第六十一条规定："法定代表人以法人名义从事的民事活动，其法律后果由法人承受。"

所以每个企业应该重视销售合同的签订，严格按照正规程序签订销售合同。销售合同的风险管理除了交易事项风险的管控外，还需要注意以下3点。

1. 签订销售合同的日期与生效日期

在合同日期方面，我们需要注意两种情况：一种情况是生效日期有明确规定的，则生效日期不早于签订日期；另一种情况是生效日期没有明确规定的，则在双方签字、盖章后生效，且签订销售合同的双方都需要填写日期。

2. 业务资质证明

所签订的销售合同须附上销售方的营业执照副本，副本要求为原件复印且经过最新年检，如不是则无效。还有一些交易资质方面的证件也不可或缺，如销售方的销售许可证以及代理权证明等。

3. 签署人资格确认

一般情况下是企业营业执照上的法定代表人直接在销售合同上签字或盖章，若非法定代表人签字或盖章，则需要获得法定代表人的授权才能代表销售方签字并附上公司公章，否则合同无效。

在实际合同签订过程中，很多销售人员为简化流程就自作主张，在合同上签署自己的姓名代签企业法定代表人的姓名，不盖章或不盖公章，而用其他的章（合同章、业务章等）来代替，这样的合同从根本上来说是无效的。正确做法是取得法定代表人的授权书正本，若需要长期授权的，则需要相关的授权复印件。

在签订销售合同前，企业应对销售人员进行合同签订的培训工作，避免销售人员由于不了解合同法而造成合同无效。销售人员在提升自身业务能力的同时，也要关注与自身密切相关的法律法规，尤其是签订销售合同的相关法律，从而用专业知识保障双方的财产与利益，为合作保驾护航。

第10章

转介绍：老客户裂变，精准获得新客户

如果想让销售达到裂变效果，转介绍是销售人员必须掌握的内容。销售人员需要深入挖掘老客户的价值，通过口碑传播、社群矩阵运营等方式获得老客户的支持和信任，让老客户主动、自愿地介绍新客户，从而获得更多销售机会。

10.1 让客户转介绍的最佳时机

在大多数情况下，客户只有认可销售人员的付出和努力，才有可能投桃报李，进行转介绍。作为享受转介绍红利的一方，销售人员应该掌握让客户进行转介绍的时机。如果延误了时机，客户很可能就没有为销售人员介绍客户的欲望了。

10.1.1 客户对你的服务十分满意时

如果客户同意签订单，那就代表他认可产品的品质与价格，而签订单时正是让他为你转介绍的好时机。你首先应该向客户表达感谢，让客户知道你认为自己非常幸运能够与客户合作，并强调整个过程非常愉快，然后大胆地邀请客户把你推荐给他的朋友。当然，你也可以用一些巧妙的方法，如给客户一些特权、承诺优先级等，让客户觉得自己被重视，从而让他更满意。

某空调品牌参加长沙家博会，群发了近万条面向老客户与意向客户的短信。如果只是一条寻常的邀请短信，可能并不会有很多人响应，但销售人员在短信中专门加入了这样一句话："为了感谢、回馈各位新老客户，凭短信购买者可享受8.8折优惠。"就是这样一句话，让该品牌赢得了客户的心，也让空调销售额有了大幅度提升。

转介绍有一个前提，即你的服务超出了客户的预期，让客户十分满意。销售人员一定不要忽视客户的强大力量，必须诚挚地为客户服务，并坚信自己会得到客户的转介绍。此外，从企业层面来说，企业不仅要关注产品品质的升级、优化，还要注重提升服务质量，为客户提供差异化服务，从而为客户的转介绍奠定基础。

10.1.2 公司举办活动、发放福利时

公司通常都会定期或者不定期举办活动，销售人员可以在举办活动时邀请老客户参加，拜托他向朋友做转介绍，同时每年定期对他表示感谢。邀请客户参加活动的邀请函是否足够有吸引力，在一定程度上决定了客户接受邀请的概率。

下文是一封完整的邀请函，销售人员可仔细揣摩，以作参考。

敬启者：

十年砥砺春华秋实，岁月如歌谱写华章。在过去的十年中，您作为我司优秀且不可或缺的忠实客户，为我司的成长与发展作出了巨大贡献，能和您成为生意伙伴是我们莫大的荣幸。

为答谢各级领导、各界人士十年来对我司的大力支持与悉心关爱，我司定于12月31日举行十周年庆典活动。我们诚挚而荣幸地邀请您拨冗莅临，您尽可以邀请您的同行业朋友们一同前来，我司将竭尽全力为您和您的朋友提供最完美的服务。

这样一封邀请函，不仅可以回馈老客户对公司的支持，还可以促使他们邀请朋友一同参加庆典，从而实现老客户的转介绍。

10.1.3 转介绍的本质是利益交换

小恩惠是人与人之间关系的润滑剂，对陌生人施以小恩惠能够迅速博得其好感。销售人员可以通过给予客户一些小恩惠，迅速拉近与客户之间的感情。

人们都有“无功不受禄，无劳不受惠”的心理，受过他人恩惠的人在心里会对他人产生感激，日后他人有需要，会义不容辞地帮忙。有些公司便利用这一点，在与客户合作之前，先请客户吃顿饭，或者给客户送一些礼品，为达成交易做铺垫。

在销售前给客户一些小恩惠，让客户对销售人员产生好感，是一种促进销售的有效办法。例如，很多大型商场举办的“有奖大酬宾”“积分兑换礼物”“买一赠一”等促销活动，都是通过给客户小恩惠的方式推动销售。

有付出才能有回报，销售是一项需要长期经营的事业，销售人员不能介意在初期进行投资。因为初期给予客户小恩惠可以积累丰富的社交资源，到了后期，这些社交资源很可能会转变成实实在在的客户，从而给销售人员的销售工作带来极大便利。

张亮是一名食品公司的销售人员，工作内容是推销一种手工巧克力。虽然他没有销售经验，但他的销售业绩在入职第一年就跃居公司第一，并且拿到了高额年终奖。他是如何取得如此突出成绩的呢？

原来，张亮在大学毕业后还频繁地去学校走访，与很多学生都建立了友谊，其中有一部分学生还是学生会干部。另外，他还经常去结识一些电台的工作人员，与他们成为朋友。他认识的每一个人，都会收到他送的一份小盒巧克力。这种小盒巧克力是专门让客户免费试尝的，虽然成本不是很高，但包装很漂亮，看起来非常精致。

通过赠送小盒巧克力，张亮与不少人建立了联系，大家变成无话不谈的朋友。这些朋友都知道他是一名巧克力销售人员，所以每次想吃巧克力时就会主动找他购买，还经常帮他介绍客户。久而久之，他销售的巧克力受到了很多人的欢迎。

张亮的成功之处在于，通过给朋友们一些小恩惠，获得了他们的好感，从而构建了自己的社交网络，并通过客户的转介绍使得自己的社交网络不断扩大。

除了张亮以外，深圳一家公司也深谙给客户小恩惠的道理。这家公司非常出名，曾经以10元的小恩惠赚回了一大笔盈利，让同行很是羡慕。

某日，这家公司举办了一场订货会，并表示“凡是参加订货会的人不论最后是否下单，都有纪念品相送。”纪念品虽然价值不高，但非常精美，所有得到纪念品的人都非常开心。因为接受了免费的纪念品，所以人们都以一种尽义务的态度来参加订货会，甚至认真地将产品解说人员的解说听到了心里去。

结果如这家公司预想的一般：“凡是接受了纪念品的人，都会假装对产品有兴趣，并告诉销售人员他们是因为有购买意愿才来参加这场订货会的。”只不过是一个价值10元的礼品，就让原来毫不相干的大众变成了积极的听众。

当客户和你同样有利益需求时，交易的开展会更顺利。利益交换的本质其实就是资源整合，即把一些看起来彼此不相关的事物进行组合，以实现互惠互利的目的。在这个过程中，各种资源的价值会得到大幅提升。资源整合在一定意义上代表着资源互补，即销售人员明确自己想要的资源，了解客户想要的资源，通过资源交换获得自己需要的资源。资源整合能力的高低，往往是衡量销售人员水平高低的一个非常重要的指标。

除了销售人员以外，公司与公司之间也可以进行资源交换。例如，两个或两个以上公司可以向彼此开放资源，共同开展促销活动，通过优势互补各取所需，实现共赢。

我们之所以要与他人交往，很多时候是想通过交往对象满足自己的某些需求，这种需求既有精神上的，也有物质上的。无论是生活中还是工作中，我们总会主动与一些自己想要成为的人交好、合作，通过这样的方法弥补自己身上的某些不足之处，从而达到互利共赢的目的。销售行业当然也是如此，充分利用可以利用的资源，会为销售工作带来意想不到的效果。

10.2 建立社群，激活老客户

近年来移动互联网市场迅猛发展，对生活、消费及商业形态产生了一定的影响，例如，时间变得越来越碎片化，很多人已经记不清上次完整读完一本书是什么时候。这些对销售人员来说都是考验，其很难再对客户的爱好和习惯有很好的了解。

社群的出现和发展则为销售人员把握客户的特点、迎合客户的需求提供了一个绝佳契机。社群是一个具有自组织性和再生产性的组织，其壮大并不只是依赖于管理者，更多的是与各成员之间的频繁沟通和交流息息相关。

10.2.1 “你找人”和“人找你”哪个省钱

互联网行业有句名言：得流量者得天下。在流量越来越重要的当下，私域流量获得了越来越多关注。私域流量是相对于公域流量的一个概念，通俗地说，就是一个可以随时随地触及用户的渠道，如自媒体、用户群、公众号等。私域流量是企业自身的资源，可以重复利用。而相比之下，淘宝、京东等公域流量平台的流量则需要花钱购买，并且价格高昂。

李子柒是通过私域流量实现流量变现的典型案例，她通过短视频运营、打造个人品牌等方式，将客户引流到自己的淘宝店铺，实现变现。

私域流量的重点不是获取流量，而是根据客户的需求进行精细化运营，从而更好地增强客户黏性，提升客户转化率。为此，销售人员需要做好以下两个方面的工作。

第一，做好内容运营。销售人员需要通过写文章、做演讲、开直播等方式不断输出优质内容，强化客户对自己的认知，同时打造鲜明的品牌特色，让客户牢牢记住自己和品牌。

第二，做好活动运营，即数字化营销。建立会员制、发放专属优惠券和促销卡、开展返利活动等都是激励客户的好方式，销售人员可以通过这些方式打造属于自己的私域流量池。

私域流量能够实现流量的重复利用。当流量被重复利用时，销售人员获得流量的成本不变，却可以有更高的转化率，也就相应地产生了更多利益。当销售人员通过社群、自媒体等搭建起了自己的私域流量池后，就需要通过长期的运营和促销活动，实现流量的重复利用。

如果销售人员在获得客户的认可后，只以流量收割为目的，那么他和客户之间就是单纯的买卖关系，难以发挥客户的更大价值。如果销售人员将这些客户聚集起来，形成自己的私域流量池，同时不断加深客户对品牌和产品的认知，那客户就极有可能多次购买产品，并成为产品的忠实粉丝。这样的客户往往能为销售人员带来更多利润。

例如，某销售人员通过经营社群沉淀了自己的私域流量，并在社群里推广产品。社群中的客户对产品是存在需求的，同时客户学习和提升自己的需求也是长期的。如果客户获益良多，那就很可能购买产品，并将产品介绍给亲朋好友，这样也就实现了流量的重复利用。

在销售过程中，新产品推广往往是让销售人员比较头疼的，因为新产品缺乏根基，没有客户评价也没有使用攻略。很多客户为了避免风险，往往选择观望。在新产品推广方面，有些销售人员即使投入大量资金进行大规模宣传，可能也难以获得较好的效果。

私域流量则可以解决上述问题，因为私域流量池中的客户就是很好的新产品使用者。这样一来，新产品的推广费用就会大幅降低，客户既是新产品的消费者又是新产品的推广者，在购买新产品的同时又能帮助新产品传播，从而降低推广成本，使公司获得更多利益。

影响客户购买新产品的因素有很多，如对新产品的认知、购买习惯、购买环境等。销售人员在进行新产品推广时需要做大量的宣传，如视频投放、广告投放等，这样有利于让客户形成对新产品的认知，从而一步步爱上新产品。

如果沉淀了自己的私域流量，销售人员在进行产品宣传的同时也可以让客户帮忙宣传，以便实现更好的宣传效果。许多客户在购买产品前都会参考其他购买者的意见，私域流量内的客户就是最初的购买者，他们对产品的评价也会影响其他客户的决策。

10.2.2 建立社群，把客户“圈”在一起

建立社群是沉淀私域流量的有效方式。销售人员如果觉得“广撒网”策略难以触达受众，不妨通过建立社群的方式改善这种情况。建立社群后，销售人员就可以精准触达客户，有针对性地输出内容，通过社群的发展扩大目标群体。

互联网时代，随着社交媒体的普及，人们对社群的应用越来越普遍。社群营销能够实现产品自传播并形成品牌口碑。例如，某新品牌十分重视社群营销，通过社群把客户聚集起来，在社群中分享养护知识与产品知识，并为客户提供体验产品的机会。客户可以在社群中分享产品使用体验。在口口相传中，该品牌获得了更多客户，以更快的速度形成了品牌口碑。

虽然社群的形式各有不同，但其运营者背后的目的基本是相同的，即变现，也就是获得回报。社群变现的最重要环节就是营销，只有营销做得好，社群才能实现变现。营销活动可以最大限度地拉高“变现值”，又能深层次地挖掘社群的潜力，是让社群保持活力的关键所在。下面介绍通过社群做营销的5个流程，如图10-1所示。

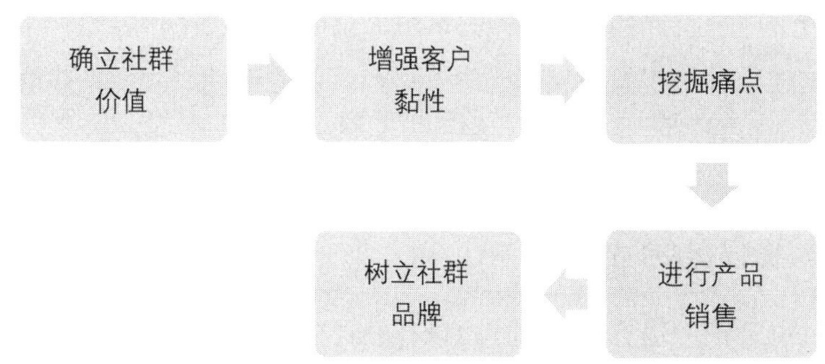

图10-1　社群营销的5步流程

1. 确立社群价值

每个社群都应该有其存在的价值。建立社群的第一步就是要找到社群能提供的具体价值，也可以称为社群的“虚拟产品”。只有了解社群能提供的价值，销售人员才能找到目标客户。因此，确立社群价值对客户的初步定位非常重要。

（1）价值最好是互惠互利的。只有社群与成员之间的回报是相互的，社群才能保持良好的运营状态。因为成员可以彼此输出，他们每个人既是资源的受益者，又是资源的贡献者。这种互惠关系能让社群中的价值链更稳固。如果仅是产品的单向销售，客户的热情很可能会随着时间的推移而消退。

（2）明确价值回报的载体。建立社群的目的是把价值转化为回报，回报需要某一种载体将其呈现出来。例如，一个PhotoShop兴趣群的价值是帮助成员掌握PhotoShop技能，此时社群可以通过推广书籍、开通付费网课来获得价值回报，而书籍和付费网课就是回报的载体。

销售人员在建立社群时，只了解社群的价值是不够的，这样建立的社群的内容很空泛，很难体现社群的真实价值。回报的载体是获取收益的途径，销售人员只有明确了获取收益的途径，才能更好地利用社群产生收益。

2. 增强客户黏性

社群营销的优势在于客户可以在社群中就产品进行深度互动，从而产生二次销售甚至多次销售。当然，实现经济回报只是一方面，社群营销最重要的是客户可以为品牌发展助力。之前销售基本是“一次性”工作，通常只有在涉及换货、维修、退货时才会产生后续交流。而社群很好地解决了这个问题，客户可以随时随地和企业沟通，产品的口碑也可以在沟通过程中逐渐建立起来。因此，一些社群会定期发红包或优惠券，来增强客户黏性、刺激消费。

3. 挖掘痛点

挖掘痛点是社群营销中比较重要的一个环节，也是订单成交的前提。下面介绍三个挖掘痛点的方法。

（1）刺激购买欲望。产品有价值是客户购买产品的主要原因之一，但市场上的同类产品众多，如何让客户选择自己的产品呢？这时就需要向客户强调产品的优质性，为其勾勒出一幅美好蓝图，让客户觉得产品的价值超过预期，以此来增加客户的购买欲望。

（2）竞品分析。随着技术的不断进步，产品的同质化趋势愈发严重。因此，竞品分析已经成为销售人员的一项基本功，即针对客户的需求，阐述产品相对于竞品的优势，如价格更优惠、服务质量更高、功能更实用等。“客户一定会买，就是买谁家产品的问题”，这是销售人员经常说的一句话。竞品分析的目的是让客户经过多方比较后，明确产品的独特优势，最终付费购买。

（3）促销。促销是十分常见的销售策略，在品质相同的情况下，选择价格最实惠的产品，是几乎所有消费者都会做出的选择。好的促销活动必须设置“时间节点”和“价格底线”，其中，“时间节点”是为了营造紧张感，促使客户尽快成交；“价格底线”则要综合考虑成本，毕竟举办促销活动的目的是盈利，如果最终的结果是亏本，那就得不偿失了。

4. 进行产品销售

掌握上述信息，尤其是挖掘好客户的痛点后，就可以大胆地销售产品了。这时客户已经对产品产生了浓厚兴趣，订单自然更容易成交。

5. 树立社群品牌

第一次销售工作结束，并不意味着所有工作就此结束。其实接下来的工作才是最重要的，即维护老客户、打造社群品牌。这样做可以大大提升社群的影响力，从而促成多次成交。

（1）提升社群的影响力。社群中的客户不仅是简单的交易对象，销售人员要与其建立情感联系。因此，不管是不是已经成交的客户，只要身处社群中就是产品的目标受众，应该同样予以重视。换言之，销售人员不能只照顾付费买单的客户，冷落暂时没有付费买单的客户。没有付费买单的客户很可能是在观望，如果有更好的产品，也许就会让他们产生购买欲望，最终付费购买。如果销售人员没有重视他们，那就相当于损失了一批潜在客户。

持续维护社群的客户很关键，只有保持客户活跃，社群才能得到发展。老客户保持活跃，吸引源源不断的新客户加入，才能让社群保持长久的生命力，并不断发展壮大。

（2）促成多次成交。产品想要适应市场发展，就必须始终保持迭代更新，而社群的客户自然会成为第一批尝试产品的客户。因为他们大都使用过产品，而且比其他客户更了解产品，因此更有“话语权”，转化付费的可能性也更高。

10.2.3 保持联络，深度接触客户

社群具有社交性，正因为如此，销售人员才能够通过社群维护客户，带动产品的销量。社群是一个将有同样目的的客户聚集起来的平台，而客户在这个平台中的主要活动方式就是讨论与交流。社群的活跃程度在一定程度上体现在客户的讨论与交流热度上。同时，销售人员也可以借助社群这个平台，更加深入地接触和了解客户。

如何发挥社群的社交属性？如何促进销售人员和客户的交流？销售人员需要为客户提供可讨论的话题，并与客户共同讨论，加深彼此之间的了解。在选择话题方面，销售人员需要保证话题与自身、企业或产品紧密相连，只有这样客户才能够在社交过程中加深对产品的认知。销售人员可以从以下4个方面入手，选择适合社群的话题。

1. 社群性质

从社群性质入手选择话题，能够在潜移默化中让客户改变自身的固有观念，从而更容易接受销售人员推销的产品。例如，一位销售人员主要售卖婴童用品，其社群提供的内容也都是与育儿相关的知识。销售人员在推出一款辅食产品之前，会先在社群中发文告诉客户喂食婴儿辅食的好处、应该什么时候为婴儿添加辅食、如何选择辅食等。这样婴儿辅食就会引起客户的重视，销售人员在社群中推出产品时就会吸引更多客户购买。

2. 客户兴趣

社群形成的基础是客户的兴趣，因此销售人员在挑选社群话题的时候，需要考虑客户的兴趣。客户对话题感兴趣，自然会积极参与到讨论中。要想保证话题符合客户的兴趣，销售人员就要对客户进行分析研究，分析研究的内容包括客户的年龄层次、学历层次、所处地域及所从事行业等。在社群客户较多的情况下，销售人员无法保证自己挑选的话题符合每一位客户的兴趣，但至少要确保话题符合大多数客户的兴趣。

3. 产品特点

建立社群的目的是促进产品销售，因此销售人员在选择话题时，要注意话题应该与产品相结合。销售人员可以从产品的特点入手，为产品制造有意义的话题让客户讨论，以便帮助客户深入了解产品，吸引客户购买产品。

4. 趣味内容

带有趣味性的话题能够吸引更多客户的关注，可以调节社群的气氛，但此类话题不适合经常使用。因为过多地设置此类话题会分散客户的注意力，降低其对销售人员所销售产品的关注。另外，销售人员要有选择性地使用趣味性话题，更要坚决抵制低级趣味的内容。

与产品密切相关、符合大多数客户的审美、顺应时代潮流且兼具趣味性的话题，是销售人员选择的最佳话题。但需要注意的是，如果在社群中不断讨论同一个话题，客户很快就会对这个话题失去兴趣。因此，为了持续激发客户活力，经常更换话题是十分有必要的。销售人员可以一周更换一次话题，且要尽量保证话题不重复。

10.2.4 延伸服务，持续提供价值

在建立社群后，销售人员要保证内容输出的价值。毕竟客户都希望能够从社群中获取有价值的信息，只有输出的内容有价值，才能够留住客户并吸引更多客户加入社群。什么样的内容才是有价值的？对于客户而言，社群中发放的各种福利以及发布的各种与产品有关的知识是有价值的。因此，社群输出的价值主要体现在福利、干货这两个方面。

1. 福利

销售人员可以定时或不定时地为客户发放社群福利，如产品优惠券、小礼品等。这样能够有效提高客户对社群的黏性，让社群得到更好的发展。

2. 干货

销售人员在社群中发布干货内容时，需要以产品为中心，同时也要满足客户的需求。例如，销售人员主营的产品是女装，那就可以输出一些服装搭配、配饰搭配等方面的干货内容给客户，用这些干货内容刺激消费。

客户加入社群是希望能够从中获得福利、学到知识，合格的销售人员应该满足客户的这些需求。销售人员在社群中输出有价值的内容才能够使客户意识到社群的价值，才能够吸引和留住客户，从而推动产品的销售量不断提高。

社群输出的内容可大致分为两种：一种是PGC（专业生产内容）；另一种是UGC（用户生产内容）。对于社群而言，PGC是销售人员在社群中输出的专业性内容，而UGC则是客户在社群中发布的与产品有关的内容，如产品使用反馈、产品测评等。在社群中，UGC的价值要远大于PGC，因为UGC更能体现社群的活跃度。

如果社群中只有销售人员输出内容，无疑会增加销售人员运营社群的压力，社群也难以长久地发展下去。要想让社群得到更好的发展，销售人员需要刺激客户进行内容输出，只有让客户参与到内容输出中来，才能让社群获得持久的生命力。

销售人员要想刺激客户输出内容，最直接的方式是建立一个科学、合理的激励制度，以此激励客户持续输出内容。销售人员可以给予输出内容的客户一些奖励，如红包或产品优惠券等。在奖励的刺激下，客户的创作积极性能够被更充分地激发出来。让客户活跃起来，使其持续输出更多优质内容，才能长久地延续社群价值，使社群获得源源不断的活力。

10.2.5 矩阵运营，复制影响力

销售人员在建立起一个社群后，要想继续扩大社群规模，就需要进行社群裂变。在进行社群裂变之前，销售人员首先要分析社群是否已经成熟。如何确定社群是否已经成熟？可以从构成社群的5大要素入手进行分析，如图10-2所示。

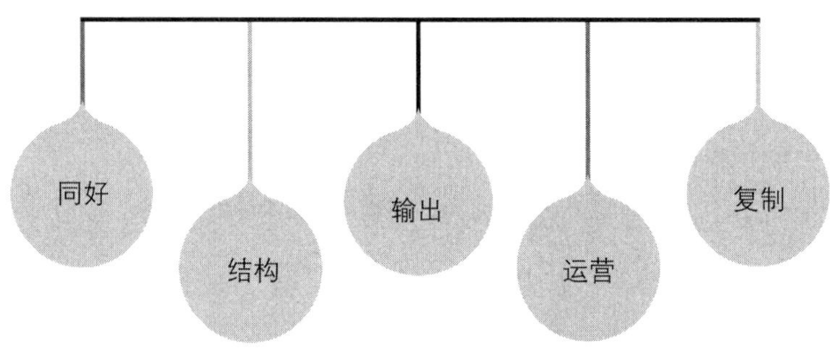

图10-2　构成社群的5大要素

1. 同好

构成社群的第一个要素是同好，是指人们对某种事物的共同认可。例如，在销售人员建立的社群中，客户都对销售人员销售的产品感兴趣，不同的客户之间也有着相似的爱好。这些客户会因此形成同好，当他们的关系足够稳定时，就说明社群在同好方面已经成熟。

2. 结构

结构是构成社群的第二个要素，在很大程度上决定了社群的发展。结构由成员、交流平台、管理规范等部分组成。如果销售人员没

有对这些组成部分进行合理规划，就会影响社群的发展。社群中必须有一个或几个可以引导价值观的KOL（Key Opinion Leader，关键意见领袖），他们可以吸引大批客户加入社群。而随着客户数量的不断增多，社群的入群门槛和规则也应逐渐完善，否则就不能保证客户的质量和社群的正常运营。

3. 输出

输出是构成社群的第三个要素，社群可以为客户提供的价值，在很大程度上决定了社群的质量。销售人员输出的内容质量越高，社群的质量也就越高。当然，销售人员的输出能力是有限的，但社群中不乏产品的铁杆客户。他们对产品同样有很深的了解，也愿意分享自己的小技巧或使用体验，这些客户是内容输出的主力军。销售人员要调动他们在社群中输出内容的积极性，当社群有了优质且持续的内容输出后，才能够逐渐走向成熟。

4. 运营

成熟的运营模式是社群裂变的关键因素，在很大程度上决定了社群的寿命。销售人员可以从客户的活跃度、凝聚力、黏性等方面分析社群的运营模式是否已经成熟。

5. 复制

可复制性是实现社群裂变的前提。一般情况下，社群规模越大，效益就会越好，这也是销售人员想要扩大社群规模的主要原因。销售人员可以从社群的管理规则、运营模式、内容输出等方面判断社群是否能够实现复制。

在扩大社群规模之前，销售人员要分析构成社群的5大要素是否已经成熟。成熟的社群才可实现裂变，才能产生更好的效益并获得长远发展。当社群发展得较成熟且具有可裂变的能力之后，销售人员就可以将社群中的KOL和核心客户分裂出去，打造社群矩阵。

10.2.6 案例：小米的社群营销

小米的快速崛起与其社群营销的成功密不可分，其在社群营销上的做法，主要包括以下四点。

1. 聚集粉丝

小米主要采用以下三种方式聚集粉丝：充分利用微博平台的新媒体传播特点，获取新粉丝；利用微信开展客服工作；利用论坛持续制造话题，维持活跃度。

2. 增强参与感

增强参与感主要体现在新产品或技术研发上，例如小米在开发MIUI时，通过让一部分忠实粉丝参与其中，并针对这部分粉丝提出的建议和要求进行相应的改进。这不仅有利于产品更好地满足客户的实际需求，还极大地增强了客户的参与感。

3. 增加自我认同感

小米很注重通过一系列的活动为客户营造自我认同感，如爆米花论坛、米粉节、同城会等。客户参与这些活动，能够更进一步地体验小米的产品及服务，从而产生一种“我是主角”的感受。

4. 全民客服

不像大多数公司那样有专门的客服部门，小米上至领导层，下到员工，全员都是客服。这种模式也使得小米能始终以为客户服务为发展理念，同时领导层也能更直接地了解粉丝的意见与需求，提高了解决问题的效率。

在社群建设初期，小米以“时尚”“科技”为主题吸引客户，小米的全民客服便是社群的创造者和管理者。而社群成员是铁杆客户与意向客户，他们带着共同的目标和信念购买、宣传小米的产品。对于很多潜在客户来说，往往基于对前者的认可与信任，也会加入社群中。既然加入社群的客户都是小米的参与者，那么小米就会想办法把潜在客户变成品牌的“口碑传播者”，让他们去影响更多客户。

上述过程需要投入很多时间和精力，来满足社群成员的归属感、连接感、成就感等需求。这样的社群很有优势，因为社群成员有共同的话题和相似的价值观，大家经常讨论同一个话题，自然而然地就会成为朋友，社群成员对社群的黏性也会更高。

在这种情况下，小米就能通过社群营销产生品牌价值，实现口碑和收益的同步增长。社群营销不仅减轻了管理者的管理压力，还能让客户之间相互影响，提高对品牌的忠诚度。小米的成功与其由卖货思维转变为客户思维密不可分，而客户思维正是大单销售的最强助力。

第 11 章

售后服务：如何让客户持续满意

很多销售人员明白“未成交等于0，成交高于一切”的道理，但做到成交后与客户的关系比成交前更牢固，能够持续让客户满意，才是销售人员应该坚持的终极追求。

11.1 大订单服务的特点

事物都有两面性，销售人员在看到大订单成交金额高、利润丰厚等优点的同时，也要看到其服务周期比较长等缺点。对于销售人员来说，做好大订单服务非常重要，这里所说的服务分为销售过程中的服务和售后服务，二者各有特点。

11.1.1 过程中的服务：服务周期长

大订单销售是一种趋势，其所带来的经济效益与社会效益非常可观，长远来看可以为公司塑造良好的业内口碑。同时，大订单销售无论是对提升利润，还是对提升销售人员的个人业绩，都有着非常重要的意义。

小王是杭州某自动化设备公司的销售人员，他进入公司已经7个月了，虽然手里有好几个意向客户，但没有一个成交的。其中有个意向客户想和他合作一笔大订单，订单数额很大，二人已经接触了很多次，却依然停留在价格谈判阶段。

很多销售人员可能都遇到过上述情况，这也是大单销售的特有现象。对于大单销售服务周期长的特点，销售人员更应该保持足够的耐心和积极的服务态度。

时代在变，环境在变，人的观念也在变。大单销售人员在遇到困难时都需要重新审视自己对大单销售的理解是否落后于时代。在没有很好地理解一件事之前，想要做好这件事通常是很难的，大单销售工作当然也是如此。可以这样说，我们对自己所从事的工作理解得越全面、透彻，做好这份工作的可能性就越大。

很多人只看到销售人员的高提成，却没有看到销售人员在销售过程中需要承受的压力。我们必须承认，大单销售的服务周期确实很长，在这个漫长的过程中，销售人员需要保持稳定的心态，以优质的服务促进订单的成交。

11.1.2 售后服务：服务到位，续单概率大

如今，售后服务已经是公司的核心竞争力之一，而对于大单销售人员来说，做好售后服务更重要。售后服务做得好，客户的满意度自然会不断提高，续单的概率就会增大；反之，售后服务工作做得不好或者没有去做，客户的满意度就会降低，更有甚者会利用媒体或社交网络传播舆论，对公司的口碑产生一定的影响。

随着产品同质化的趋势越来越明显，售后服务作为销售环节中的一个重要环节，已经成为许多客户关注的重中之重。对于销售人员来说，能做好大单销售的售后服务，将是摆脱价格战的有效武器。

良好的售后服务是续单的重要前提，能够为公司带来良好口碑和更多客户。在现实销售场景中，谁拥有最多客户，谁就是胜利者。因

此，良好的售后服务不仅可以提高销售人员的个人收入，还可以提高公司的销售额，使公司树立起良好的业界口碑。

大订单客户的口碑对公司来说意义非凡，一方面能有效提高公司的信誉度，另一方面还会产生“拔出萝卜带出泥”的连带效应，为后续销售带来更高的经济效益。客户购买的不仅是产品，更是高质量的服务。只有周到的服务，才能让客户有续单的欲望。

11.2 如何做好大订单售后服务

售后服务是一次销售的结束，也是再销售的开始。销售人员需要知道售后服务是一个长期过程，如果自己没有对曾经承诺的订单负责，那就可以说销售是失败的。

大订单客户的售后更是如此，假设售后服务没有让客户满意，那么销售人员不仅会丢掉这一个客户，甚至还会丢掉其他潜在客户。

11.2.1 客户问题，及时响应

霍桑效应（Hawthorne Effect）又叫霍索恩效应，是心理学中的一个著名效应，由哈佛大学心理学教授乔治·埃尔顿·梅奥（George Elton Mayo）在美国芝加哥的霍桑工厂研究发现。霍桑工厂是一家电话交换机生产工厂，工厂内有各种娱乐设施，而且医疗配套完备，工人们也享有国家规定的养老金。但即便如此，工人们的生产效率仍然

很低。

后来厂主请了当地知名的心理学家来解决这个问题，心理学家与工人们一个个单独进行心理谈话。在谈话过程中，他耐心地倾听工人们对工厂的各种抱怨，让工人们释放自己的压抑情绪，取得心理上的平衡。

谈话之后，工人们心中的负面情绪得以释放，觉得自己受到了关注，工作的积极性有了很大提高。而厂方通过工人们的抱怨发现了问题所在，并立即改进这些不足之处，解决了工人们的问题，让工人们以更饱满的热情对待自己的工作。

霍桑效应在销售中的应用非常广泛，当客户对产品或者服务不满意时，就会通过语言和行动表现出来，如对销售人员抱怨自己的不满。很多销售人员认为客户的抱怨是在无理取闹，但很多时候，客户的抱怨其实才是他们的真正诉求。

如果销售人员不重视客户的抱怨或者不积极回应客户的抱怨，那就很难发现自身及产品存在的问题。而且，一个客户的负面情绪可以感染一群客户，从而严重影响销售人员的声誉和公司的形象，使销售工作的深入与消费市场的拓展难以进行。

日本著名跨国公司松下电器的创始人松下幸之助认为，销售人员不仅不应该厌烦客户的抱怨，反而要对此表示欢迎，因为这是销售人员进行自我提升的良机。他曾告诫下属，要感谢投诉他们的客户，因为那些对产品不太满意、又怕麻烦或者不好意思来投诉的客户，其实已经在心里默默地否定了公司和产品。

销售人员一定要热情、礼貌地对待有抱怨的客户，耐心地聆听他们的抱怨，并尽量使他们满意而归。销售人员可以在尽量减少损失的前提下满足客户的部分要求。如果让极挑剔的客户也满意而归，销售人员将受益无穷，因为满意的客户会是义务宣传员兼义务销售员。

松下幸之助还曾经亲自处理过一次客户的抱怨。有位东京大学的教授抱怨说他使用的松下公司的产品经常发生故障，松下幸之助知道后立即派最高负责人去了解情况。负责人耐心地听完教授的抱怨，然后又给出合理的解释，最后妥善地处理了问题。为此，教授对他们的服务很满意，后来还为松下公司介绍了其他客户。

如何回应客户的抱怨？销售人员可以采取“缓兵之计”，即在感情上亲近客户，将客户稳定后再解决实际问题，避免发生争执。

1. 像接待老朋友一般接待抱怨的客户

热情地接待抱怨的客户，给他们倒一杯咖啡、递一盘甜点等，缓和一下他们的不满情绪。例如，一位旅客预订了酒店的房间却不能立即入住，因为前面的客人刚离开，房间正在打扫。旅客拎着很多行李在酒店的大厅等了很久，一直抱怨。有经验的经理肯定会让服务员将旅客请到贵宾室暂时休息，并泡上一壶热茶。旅客感受到对方的诚意，觉得自己受到了尊重，便不会再有过多的抱怨了。

2. 对客户的抱怨认真聆听并做好记录

人在冲动时，大脑神经会极度兴奋，可能做出一些不理智的举动，说出一些不理智的话语。因此，销售人员要使客户尽快平静下来，认真聆听客户的抱怨并仔细做好记录。这样会让客户感受到自己被重视，会逐渐平复自己的情绪。对于销售人员来说，将客户的抱怨记录得完整、详尽，会拉近自己与客户之间的距离，也能促使自己更好地解决客户的想法。

3. 尽量认可客户的抱怨，并对客户的意见表示感谢

销售人员可以采用这样的表述："多亏了您的指正""您有理由不高兴""感谢您对我们的提醒"，这样的话语会让客户心情舒坦，从而有利于销售人员尽快平息客户的抱怨。

4. 尽量满足客户的合理要求，对不合理要求要智取

销售人员要辩证地对待客户的抱怨，如果客户的抱怨是合理要求，那么销售人员要尽量满足；如果客户的抱怨是不合理要求，那么销售人员可以采用一些技巧合理解决，如巧妙转移话题、给予客户一些合理的优惠等。如果销售人员在为客户提供服务的过程中出现失误，那要勇于承认错误、敢于担当责任，积极帮助客户解决问题。

11.2.2 售后问题，迅速处理不拖延

在激烈的市场竞争中，企业要想长期盈利、发展壮大，就要赢得客户的心，提高客户满意度，使其成为忠诚客户。要想达到这种效果，让客户满意的售后服务便是重要手段之一。海尔、联想、格兰仕等品牌之所以备受消费者青睐，都归因于他们拥有优质的售后服务。

企业生存和发展的必要条件就是向客户提供优质的产品与服务。科技的发展使产品的质量越来越高，但几乎没有一款产品是完美无缺的。而且，由于客户的使用方法错误、外部环境影响等原因，产品也许会出现各种问题，在这种情况下，最优秀的企业可能都会收到客户

的投诉。因此，完善售后服务、及时处理售后问题便成了推动企业持续发展的重要因素。

美国学者的研究表明，如果企业没有很好地处理客户的投诉，一半以上的客户会选择竞争对手的产品；如果投诉得到了解决，将近70%的客户还会继续支持该企业；如果投诉被迅速、及时地解决，支持该企业的客户会高达95%。由此可见，完善的售后服务是在产品出现问题时留住客户的重要补救措施。

“我简直不敢相信，才过了一天，事情就有了转机。通过此次事件，我见识到了联想这个国际品牌处理事件的快速性以及解决问题的高效性，我承认联想确实是值得信赖的。”

近日，联想收到一封感谢信，署名为“一位联想产品的继续拥护者”。事情起因是一位客户在使用联想电脑的过程中出现了问题并写下投诉信，联想的售后人员立即处理了这件事情。客户对联想售后服务的高效、优质非常赞赏，因此发来了感谢信。

联想集团CEO杨元庆在品牌创始之初就提出“谁贴近客户，谁就是指挥棒”与“解决客户的问题是我们工作的出发点”两大服务理念。如今，联想的成功都与此密不可分。联想对售后问题的迅速响应，不仅留住了客户的心，还把很多投诉客户转化为“产品的继续拥护者”。

联想的所有员工都非常重视客户的声音，会及时反馈客户的投诉，也会快速解决每一个售后问题。这种服务理念得到了客户的认可，也使得联想创下了有目共睹的佳绩。

对于客户的投诉，企业应该迅速作出反应，了解具体情况，并给予有效处理。处理售后问题的速度快，能够表明企业解决问题的诚意，让客户感觉到自己被尊重、被重视。同时，企业快速处理客户的投诉也能有效降低舆论的负面影响，将损失减至最少。

有些企业不清楚处理售后问题的重要性，不仅没有积极响应、解决问题，还会逃避或敷衍客户提出的问题，使客户为了维护自己的利益不得不采用法律手段，这样会对企业的声誉造成无法挽回的后果。因此，销售人员在面对客户的投诉时不仅要负起该负的责任，还要尽可能地给予客户更多的赔偿。

工商部门表示，产品若存在质量问题，消费者可以依据法律要求退货或换货。如果销售人员不及时处理甚至不处理客户的售后问题，是侵犯消费者权益的表现，根据消费者的要求，企业不仅要退换产品，还要赔偿一定的经济损失。因此，销售人员一定要重视售后服务，而且要学会利用售后服务，为企业和产品打造良好口碑。

11.2.3 定期回访成交客户

海尔空调一直提供免费送货、安装及咨询服务，并会在安装后一个月内进行两次回访，确保每台空调都能让客户“只有享受，没有担忧”。正是海尔的“零担忧”服务使其销量在中国名列前茅。海尔集团总裁张瑞敏曾经在接受采访时说：“我们在市场竞争中不仅依靠名牌产品，还依靠对客户的品牌服务。”

客户回访是企业用来调查客户满意度、维护客户关系的一种手段。在回访过程中，销售人员与客户进行了更多沟通与交流，可以完善客户数据，为交叉销售、向上销售都做了良好铺垫。客户回访也是服务中的一项内容，把客户回访做好了，就可以提升客户的满意度。

客户通常会对有知名度或者诚信度的企业的回访比较配合，愿意说出自己的真实想法，提出具体意见。如果企业没有什么名气，而回访又做得不好，那就很难得到客户的反馈。回访是产品销售的“保养剂”，不仅能得到客户的认同，还创造了客户价值。

那么，企业应该如何进行客户回访呢？如图11-1所示。

1	注重客户细分工作
2	明确客户的需求
3	确定合适的回访方式
4	抓住回访的机会
5	利用回访促进重复销售或交叉销售

图11-1　企业如何进行客户回访

1. 注重客户细分工作

在进行回访前，企业可以根据公司的具体情况对客户进行划分，为不同类别的客户制定不同的回访策略。例如，上海一家服装企业根据成交量把要回访的客户划分为高效客户、高贡献客户、一般客户与休眠客户。不仅如此，这家企业还开设了电商服务，并根据地域进行了分类（国内按照省份分类，省份按照地区或城市分类），大幅提高了回访的效率和质量。

根据客户的来源，企业还可以将客户分为自主开发型客户、广告宣传型客户、朋友推荐型客户等，这样有利于企业制定出不同的服务方法，提高回访效率。

2. 明确客户的需求

企业确定了客户的类别后，要有针对性地了解客户的需求，最好在客户主动提出意见之前，就对其进行回访，这样更能体现人文关怀，优化企业形象。很多企业都制定了定期回访制度，这不仅可以直接了解产品的实际使用效果，还可以了解产品的不足之处，更重要的是可以体现企业的良好服务，维护客户关系。

3. 确定合适的回访方式

从形式上看，回访可以分为电话回访、邮件回访、社交软件回访以及当面回访；从销售周期上看，回访一共有以下三种方式。

（1）定期回访。这一方式要求企业要合理安排回访的时间。例如，以产品销售完成后的一周、一个月、三个月、六个月为时间点进行定期回访。

（2）售后回访。这个方式可以充分体现企业的专业能力。如果企业在回访时发现了问题，一定要及时解决，将客户对产品的负面认知控制在最小范围内。

（3）节日回访。这个方式比较容易理解，简单来说，企业可以在节日期间对客户进行回访，同时送上一些真挚的祝福，以此加深客户关系。

无论企业选择哪一种回访方式，都离不开对客户的详细了解。最后需要注意的是，要想让回访变得更高效，并产生实际作用，回访方式需要体现企业对不同群体的针对性。

4. 抓住回访的机会

通常，在客户使用产品的过程中产品出现问题、发生故障或者客户想要再次购买产品时，就是企业对客户进行回访的最佳时机。定期对客户回访能够让客户感受到企业的诚信与责任，但回访时间一定要安排合理，如成交后一周、一个月、三个月、六个月等。当然，具体的回访时间可以根据企业的自身情况及产品类型而定。

5. 利用回访促进重复销售或交叉销售

企业对客户持之以恒地关怀，会促使销售不断延伸，产生重复销售或交叉销售。对于企业来说，回访的最终目的是通过为客户提供预期之外的高水平服务让客户对产品更加信任与依赖，从而创造出更多销售机会。

老客户是产品口碑的创造者，可以对新的销售机会产生很大影响。开发老客户不仅成本很低，还非常有效。因此，企业需要在回访过程中了解客户在产品使用时的不满意之处，找出问题所在；记录好客户对公司的意见或建议；认真整理回访资料，进行后期的改进工作；准备对已经回访过的客户进行二次回访。回访解决了很多实际问题，对企业形象有很好的维护作用，也加深了客户对产品的信任。

11.3 售后客户管理流程

客户是企业利润的源泉，“让客户满意”是企业必备的经营哲学。既然客户如此重要，那么客户管理流程设计就成为企业必须做好的工作。综合地看，客户管理流程包括响应、沟通、转化等方面。这些方面可以拆分成很多小细节，把企业和客户联系在一起。

11.3.1 客户响应管理：产品分类，及时响应

客户响应管理是指加强和规范企业前端部门和后端部门之间的互相协作，从而加快对客户问题的响应速度。企业要想做好这项工作，离不开产品识别，如图11-2所示。

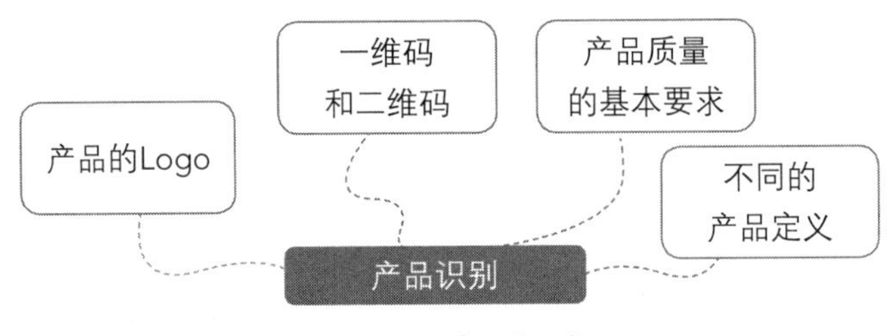

图11-2 产品识别

简单来说，每一款产品都会有一个专属的Logo，通过这个Logo，客户能在第一时间认识产品。传统的一维码和二维码都属于产品识别的范畴。另外产品质量的基本要求，如ISO 9000体系，也是对产品的一种识别，其实质是用产品质量去定义产品。

产品最终都要流通，有时还可能会跨界。产品每流通到一个国家，这个国家就会给产品一个新的定义，根据产品的流通环节考虑税收等相关问题，也是产品识别的一部分。

产品识别其实就是识别产品及其相关属性，而产品的属性与其类别、质量、产地、规格、商标、外观设计等密切相关。

通过产品识别，企业能更好地对产品进行分类，也能为客户提供更优质的服务，及时响应客户的需求。借助产品上的识别标志，企业能实时跟踪产品的销售、库存及使用情况，以便在第一时间为客户解决问题。

11.3.2 客户沟通管理：建立沟通系统，增加销售机会

客户沟通管理是客户管理流程中的一个重要环节，这个环节以加强联系为核心，利用相关技术实现市场、销售、服务等活动的自动化，并重视客户信息的收集、管理、分析，帮助企业拉近与客户之间的距离。一般来说，企业为了最大限度地满足客户的需求，希望和每个客户都建立联系，对他们进行深入了解。通过建立客户沟通管理体系，并在此基础上实施“一对一”的个性化服务，企业能够以较高的效率解决售后问题，满足客户的需求。

另外，客户沟通管理体系还可以加强企业与客户之间的互动，帮助企业收集客户的反馈意见，解决客户遇到的问题，最终与客户建立良好的关系，产生更多的销售机会，提升盈利。企业在建立并完善客户沟通管理体系时，可以从以下两个方面着手。

（1）重视基层部门、员工与客户之间的有效沟通，同时重视与客户沟通的策略。由于受到主观或客观因素的影响，企业与客户之间容易出现承诺和期望不一致、沟通效果差等问题，企业需要在认真分析这些问题的基础上，制定争端协调机制，从而实现沟通的有效性。

（2）企业应该通过已经掌握的数据，分析客户的地域特征与消费习惯，以便更好地满足客户的需求。同时，企业可以统计客户提出

的建议与意见，在此基础上赢得客户的心。

在客户沟通管理方面，小米建立了名为米柚的论坛（一个客户的重要集结阵地）。有了米柚之后，客户只要有任何想法或者意见都可以在上面发表。如果某一位客户的建议非常合理，那么其他客户就会把这个建议“顶”起来，让小米的工程师或者管理者能够优先看到；而如果客户的建议不靠谱，那么这个建议也会马上被其他客户的想法覆盖。在言论优胜劣汰的进程中，客户的话语能够以最快的速度得到响应。

客户往往都十分重视与企业的沟通，当自己提出的意见被采纳时，会感觉到自己被尊重；如果意见不被完全采纳，但只要有众多的其他客户为此展开交流，那么客户也会有一种自豪感与价值感。

米柚的建立不仅对客户之间的沟通大有裨益，对小米的工作人员也有非常高的参考价值。米柚每天会产生20多万条信息，小米设置了专门的运营人员归纳处理这些信息，并从中分门别类地提取最有价值的200条信息。凡是被提取出来的信息，都会有专人进行跟踪。小米也会通过米柚将哪名工程师正在处理信息、信息中的建议是否被采纳、如果被采纳什么时候能够落地等信息告知客户，从而让客户产生更强的信任感。

在客户沟通管理体系的助力下，企业可以减少决策所需的时间和精力，也可以降低与客户沟通时的不确定性，还可以让客户充分了解企业的实际情况，增强客户的信心与忠诚度。

11.3.3 客户转化管理：漏斗模型与转化分析

漏斗模型是一套流程式数据分析模型，能反映客户的行为状态，以及从起点到终点各阶段的转化情况。现在该模型已经广泛应用于流量监控、产品目标转化、日常数据运营与分析等工作，并且在提升转化率方面发挥了重大作用。有了该模型的助力，企业可以对各个环节的转化率进行评估，然后通过与其他数据分析模型的结合进一步分析客户的行为，找到客户流失的原因，从而更好地提升客户的活跃度和留存率。

在漏斗模型中，有两个非常重要的环节，一个是科学归因；另一个是属性关联。

科学归因要求每一次转化的节点都应该根据事件对转化的作用而设置。很多企业都希望了解最佳客户购买路径，然后将全部资源集中于此。但在实际操作中，客户的转化并非那么简单。在定义客户的转化时，漏斗模型的前后步骤应该具有相同的属性值，例如浏览iPhone 13，并购买同一款iPhone13才能被定义为一次转化。因此，对于漏斗模型而言，属性关联设置是一个不可或缺的重要内容。

从理论上来讲，漏斗模型比较适合电商企业使用，因为在进行分析的时候，电商企业需要做的就是监控每个层级上的客户转化，找每个层级的可优化部分，如图11-3所示。

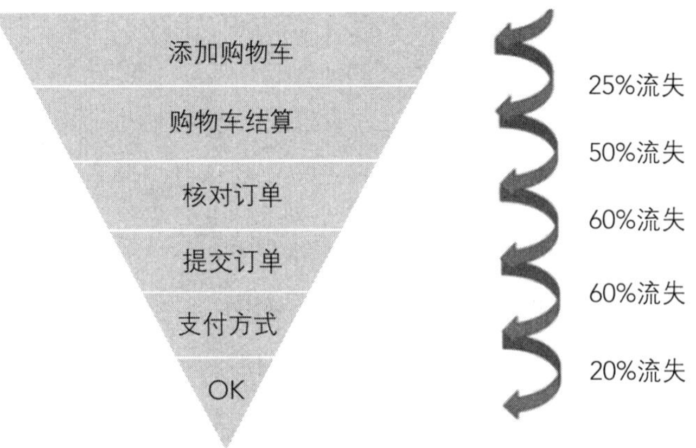

图11-3　电商的漏斗模型

由图11-3可以知道，随着操作步骤的推进，每个层级都会出现不同程度的客户流失。假设把产品添加购物车的一共有几十个客户，那流失到最后可能只剩下几个客户。这就要求企业对每个层级的流失进行思考，思考是什么阻碍了客户购买，流失的客户去了哪里等问题，然后再为这些问题制定妥善的解决方案。

通过漏斗模型和客户转化，企业能实现高效的客户转化管理。但是，针对那些没有按照流程操作的客户，企业还要专门绘制他们的漏斗模型，以便满足所有客户的需求。